——乡村振兴特色优势产业培育工程丛书

中国核桃产业
发展蓝皮书

（2023）

中国乡村发展志愿服务促进会 组织编写

中国出版集团
研究出版社

图书在版编目（CIP）数据

中国核桃产业发展蓝皮书. 2023 / 中国乡村发展志
愿服务促进会组织编写. -- 北京：研究出版社，2024.7
　ISBN 978-7-5199-1680-0

Ⅰ. ①中… Ⅱ. ①中… Ⅲ. ①核桃 - 果树业 - 产业发
展 - 研究报告 - 中国 - 2023 Ⅳ. ①F326.13

中国国家版本馆CIP数据核字 (2024) 第111312号

出 品 人：陈建军
出版统筹：丁　波
责任编辑：寇颖丹　何雨格

中国核桃产业发展蓝皮书（2023）

ZHONGGUO HETAO CHANYE FAZHAN LANPI SHU (2023)

中国乡村发展志愿服务促进会　组织编写

研究出版社 出版发行

（100006　北京市东城区灯市口大街100号华腾商务楼）

北京建宏印刷有限公司印刷　新华书店经销

2024年7月第1版　2024年7月第1次印刷

开本：710毫米×1000毫米　1/16　印张：12.25

字数：194千字

ISBN 978-7-5199-1680-0　定价：48.00元

电话（010）64217619　64217652（发行部）

乡村振兴特色优势产业培育工程丛书

编委会

本书编写人员

主　　编：王　强

副 主 编：郭　芹　张毅新　张俊佩　齐建勋

编写人员：（按姓氏笔画排序）

万雪琴　习学良　马爱进　王丰俊　王红霞

王根宪　石爱民　田益玲　宁德鲁　李丕军

余仲东　辛　国　张　煜　张建国　张跃进

张赟齐　陆　斌　陈　新　陈永浩　范志远

虎海防　孟巍峰　赵宝军　徐永杰　高　盼

高敬铭　蒋新正

本书评审专家
（按姓氏笔画排序）

王祖明　王瑞元　孙宝忠　张忠涛　金　旻

赵世华　相　海　饶国栋　裴　东

编写说明

　　习近平总书记十分关心乡村特色优势产业的发展，作出一系列重要指示。2022年7月，习近平总书记在新疆考察时指出，要加快经济高质量发展，培育壮大特色优势产业，增强吸纳就业能力。2022年10月，习近平总书记在陕西考察时强调，产业振兴是乡村振兴的重中之重，要坚持精准发力，立足特色资源，关注市场需求，发展优势产业，促进一二三产业融合发展，更多更好惠及农村农民。2023年4月，习近平总书记在广东考察时要求，发展特色产业是实现乡村振兴的重要途径，要着力做好"土特产"文章，以产业振兴促进乡村全面振兴。党的二十大报告指出，发展乡村特色产业，拓宽农民增收致富渠道。巩固拓展脱贫攻坚成果，增强脱贫地区和脱贫群众内生发展动力。

　　为贯彻落实习近平总书记的重要指示和党的二十大精神，围绕"国之大者"，按照确保重要农产品供给和树立大食物观的要求，中国乡村发展志愿服务促进会认真总结脱贫攻坚期间产业扶贫经验，启动实施"乡村特色优势产业培育工程"，选择油茶、核桃、油橄榄、杂交构树、酿酒葡萄、青藏高原青稞、牦牛、新疆南疆核桃、红枣9个特色优势产业进行重点培育。这9个产业，都事关国计民生，经过多年的努力特别是脱贫攻坚期间的工作，具备了加快发展的基础和条件，不失时机地促进实现高质量发展，不仅是必要的，而且是可行的。中国乡村发展志愿服务促进会动员和聚合社会力量，促进发展木本油料，向山地要油料，加快补齐粮棉油中"油"的短板，是国之大者。促进发展核桃、杂交构树等，向植物要蛋白，加快补齐肉蛋奶中"奶"的短板，是国之大者。发展青藏高原青稞、牦牛和新疆南疆核桃、红枣，加快发展西北地区葡萄酒产业，是脱贫地区巩固拓展脱贫攻坚成果和实现乡村产业振兴的需要，也是实现农民特别是脱贫群众增收的重要措施。通过培育重点企业、强化科技支撑、扩大市场销售、对接金融资源、发布蓝皮书等工作，服务和促进9个特色优势产业加快发展，努力实现农民增收、企业盈利、消费者受益的目标。

发布蓝皮书是培育工程的一项重要内容，也是一项新的工作。旨在普及产业知识，记录产业发展轨迹，反映产业状况，推广良种良法，介绍全产业链开发的经验做法，对产业发展进行预测和展望。营造产业发展的良好社会氛围，加快实现高质量发展。2023年蓝皮书的出版发行，得到了社会各界的广泛认可，并被有关部门列入"乡村振兴好书荐读"书目。

2024年，为进一步提高蓝皮书的编撰质量，使其更具知识性、史料性、权威性，促进会提早着手、统筹谋划，统一编写思想和体例，提出数据采集要求，召开了编写提纲讨论会、编写调度会、专家评审研讨会等。经过半年多努力，现付梓面世。丛书的出版发行，得到了各方面的大力支持。我们诚挚感谢所有参加蓝皮书编写的人员及支持单位，感谢在百忙之中参加评审的专家，感谢为丛书出版提供支持的出版社和编辑。虽然是第二年编写蓝皮书，但因为对有些产业发展的最新数据掌握不全，加之水平有限，谬误在所难免，欢迎广大读者批评指正。

2024年4月23日，习近平总书记在重庆主持召开的新时代推动西部大开发座谈会上强调，要坚持把发展特色优势产业作为主攻方向，因地制宜发展新兴产业，加快西部地区产业转型升级。习近平总书记的重要指示，进一步坚定了我们继续编写特色产业蓝皮书的决心和信心。下一步，我们将认真学习贯彻习近平总书记重要指示精神，密切跟踪九大特色产业发展轨迹，关注分析国内外相关情况，加强编写队伍，争取把本丛书做精做好，做成品牌。

丛书编委会

2024年5月

代　序

乡村振兴特色优势产业培育工程实施方案

中国乡村发展志愿服务促进会

2022年7月11日

民族要复兴，乡村必振兴。脱贫攻坚任务胜利完成以后，"三农"工作重心历史性转到全面推进乡村振兴。为贯彻落实习近平总书记关于粮食安全的重要指示精神，落实《国家乡村振兴局 民政部关于印发〈社会组织助力乡村振兴专项行动方案〉的通知》（国乡振发〔2022〕5号）要求，中国乡村发展志愿服务促进会（以下简称促进会）认真总结脱贫攻坚期间产业扶贫经验，选择油茶、油橄榄、核桃、酿酒葡萄、杂交构树，青藏高原青稞、牦牛，新疆南疆核桃、红枣9个特色优势产业进行重点培育，编制《乡村振兴特色优势产业培育工程实施方案》（以下简称《实施方案》）。

一、总体要求

（一）指导思想

以习近平新时代中国特色社会主义思想为指导，全面贯彻习近平总书记关于"三农"工作的重要论述，立足新发展阶段，贯彻新发展理念，构建新发展格局，落实高质量发展要求。按照乡村要振兴、产业必先行的理念，坚持"大食物观"，立足不与粮争地，坚守18亿亩耕地红线，本着向山地要油料、向构树要蛋白的思路，加快补齐粮棉油中"油"的短板、肉蛋奶中"奶"的短板，持续推进乡村振兴特色优势产业培育工程。立足帮助优质农产品出村进城，不断丰富市民的"米袋子""菜篮子""果盘子""油瓶子"，鼓起脱贫地区人民群众的"钱袋子"。立足推动农业高质高效、乡村宜居宜业、农民富裕富足，为全面推进乡村振兴、加快农业农村现代化提供有力支撑。

（二）基本原则

——坚持政策引导，龙头带动。以政策支持为前提，积极为产业发展和参与企业争取政策支持。尊重市场规律，发挥市场主体作用，择优扶持龙头企业做大做强，充分发挥龙头企业的示范带动作用。

——坚持突出重点，分类实施。突出深度脱贫地区，遴选基础条件好、带动能力强的企业，进行重点培育。按照"分产业、分区域、分重点"原则，积极推进全产业链发展。

——坚持科技支撑，金融助力。加强对特色优势产业发展的科研攻关、科技赋能作用，促进科研成果及时转化。对接金融政策，促进企业不断增强研发能力、生产能力、销售能力。

——坚持行业指导，社会参与。充分发挥行业协会指导、沟通、协调、监督作用，帮助企业加快发展，实施行业规范自律。充分调动社会各方广泛参与，"各炒一盘菜，共办一桌席"，共同助力产业发展。

——坚持高质量发展，增收富民。坚持"绿水青山就是金山银山"理念，帮助企业转变生产方式，按照高质量发展要求，促进产业发展、企业增效、农民增收、生态增值。

（三）主要目标

对标对表国家"十四五"规划和2035年远景目标纲要，设定到2025年、2035年两个阶段目标。

——到2025年，布局特色优势产业培育工程，先行试点，以点带面，实现突破性进展，取得明显成效。完成9个特色优势产业种养适生区的划定，推广"良种良法"，建设一批生产基地。培育一批龙头企业、专业合作社和家庭农场等市场主体，建立重点帮扶企业库，发挥引领带动作用。聘请一批知名专家，建立专家库，做好科技支撑服务工作。培养一批生产、销售和管理人才，增强市场主体内生动力，促进形成联农带农富农的帮扶机制。

——到2035年，特色优势产业培育工程形成产业规模，实现高质量发展。品种和产品研发取得重大突破，拥有多个高产优质品种和市场占有率高的产品。种养规模与市场需求相适应，加工技术不断创新，产品质量明显提升，销售盈利能力不断拓展，品牌影响力明显增强。拥有一批品种和产品研发专家，一批产业发展领军人才和产业致富带头人，一批社会化服务专业人才。市场主体发展壮大，实现一批企业上市。联农带农富农帮扶机制更加稳固，为共同富裕添砖加瓦，作出积极贡献。

二、重点工作

围绕特色优势产业培育工程目标，以"培育重点企业、建立专家库、实施消费帮、搭建资金池、发布蓝皮书"为抓手，根据帮扶地区自然禀赋和产业基础条件，做好五项重点工作。

（一）培育重点企业

围绕中西部地区，特别是三区三州和乡村振兴重点帮扶县，按照全产业链发展的思路遴选一批产业基础好、发展潜力大、创新能力强的企业，建立重点帮扶企业库，作为重点进行培育。对有条件的龙头企业，按照上市公司要求和现代企业制度，从政策对接、金融支持、消费帮扶等方面进行重点培育，条件成熟的推荐上市。

（二）强化科技支撑

遴选一批品种研发、产品开发、技术推广、工艺研究等方面的专家，建立专家库，有针对性地对制约产业发展的"卡脖子"技术难题进行联合攻关。为企业量身研发、培育种子种苗，用"良种良法"助力企业扩大种养规模。加强产品研发攻关，提高产品品质和市场竞争力。充分发挥企业家在技术创新中的重要作用, 鼓励企业加大研发投入, 承接和转化科研单位研究成果, 搞好技术设备更新改造, 强化科技赋能作用。

（三）扩大市场销售

帮助企业进行帮扶产品认定认证, 给帮扶地区产品提供"身份证", 引导销售。利用促进会"帮扶网""三馆一柜"等平台和载体, 采取线上线下多种方式销售。通过专题研讨、案例推介等形式, 开展活动营销。通过每年发布蓝皮书活动, 帮助企业扩大影响, 唱响品牌, 进行品牌销售。

（四）对接金融资源

帮助企业对接国有金融机构、民营投资机构, 引导多类资金对特色优势产业培育工程进行投资、贷款, 支持发展。积极与有关产业资本合作, 按照国家政策规定, 推进设立特色优势产业发展基金, 支持相关产业发展。利用国家有关上市绿色通道, 帮扶企业上市融资。

（五）发布蓝皮书

组织专家编写分产业的特色优势产业发展蓝皮书。做好产业发展资料收集、整理、分析工作, 加强国内外发展情况对比分析, 在总结分析和深入研究的基础上, 按照蓝皮书的基本要求组织编写, 每年6月前对外发布上一年度产业发展蓝皮书。

三、保障措施

（一）组建项目组

促进会成立项目组, 制定《实施方案》并组织实施。项目组动员组织专家、企业家和有关单位, 分别成立9个项目工作组, 制定产业发展实施方案并组织实施。做好产业发展年度总结, 编写好分产业特色优势产业发展蓝皮书。

（二）争取政策支持

帮助重点龙头企业对接国家有关产业政策、产业发展项目。协调相关部门, 加大帮扶工作力度, 争取将脱贫地区重点龙头企业的产业发展规划纳入国家有关部门和有关地区的专项发展规划并给予支持。争取各类金融机构对重点帮扶龙头企业给予贷款、融资优惠,助力重点帮扶企业加快发展。

(三)坚持典型引领

选择一批资源禀赋好、发展潜力大、市场前景广的种养基地作为示范种养典型,选择一批加工能力精深、技术先进、效益良好的龙头企业作为产品加工示范典型,选择一批增收增效、联农带农富农机制好的市场主体作为联农带农富农典型。通过典型示范,引领特色优势产业培育工程加快发展。

(四)搞好社会动员

建立激励机制,让热心参与特色优势产业发展的单位和个人政治上有荣誉、事业上有发展、社会上受尊重、经济上有效益。加强宣传工作,充分运用电视、网络等多种媒体,加大舆论宣传推广力度,营造助力特色优势产业培育工程的良好社会氛围。招募志愿者,创造条件让志愿者积极参与特色优势产业培育工程。

(五)加强协调促进

充分利用促进会在脱贫攻坚阶段取得的产业发展经验和社会影响力,协调脱贫地区龙头企业对接产业政策,动员产业专家参与企业技术升级和产品研发,衔接金融资源帮助企业解决资金难题。发挥行业协会的积极作用,按照公开、透明、规范要求,帮助企业规范运行,自我约束,健康发展。

四、组织实施

(一)规范运行

在促进会的统一领导下,项目组和项目工作组根据职责分工,努力推进9个特色优势产业培育工程实施。项目组要根据产业特点组织制定专家库、重点帮扶企业库的建设与管理办法、产业发展培育项目管理办法,包括金融支持、消费帮扶、评估评价等办法,做好项目具体实施工作。

(二)宣传发动

以全媒体宣传为主,充分发挥新媒体优势,不断为特色优势产业培育工程实施营造良好的政策环境、舆论环境、市场环境,让企业家专心生产经营。宣传动员社会各方力量，为特色优势产业培育工程建言献策。

（三）评估评价

发动市场主体进行自我评价，通过第三方调查等办法进行社会评价。特色优势产业培育工程项目组组织有关专家、行业协会、企业代表，对9个特色优势产业发展情况、市场主体进行专项评价。在此基础上，进行评估评价，形成特色优势产业发展年度评价报告。

CONTENTS | 目录

第二章

核桃产业发展外部环境 / 045

第三章

核桃产业发展重点区域 / 069

第四章

核桃产业发展重点企业 / 095

第五章

核桃产业发展的代表性产品 / 111

第七章

核桃产业发展趋势与对策 / 143

绪　论

　　核桃是我国重要的木本油料,近年在国家政策的支持和市场需求的引导下,核桃产业正朝着高质量和可持续方向发展,在助推地方经济发展、保障我国粮油安全及促进生态文明方面发挥了重要作用。我国核桃品种资源丰富,优良品种、品系超过300个,良种化率不断提高。2022年核桃种植面积约1.2亿亩,总产量达593.46万吨,进口量4245吨、出口量13.11万吨,储藏加工企业超过2.25万家,主要产品为干核桃、仁类产品、核桃油、核桃蛋白粉、核桃乳等,综合产值约1600亿元。核桃产业在我国覆盖5000多万农村人口,云南、新疆等地的部分县市,核桃收入占农民人均收入40%以上,多地把发展核桃产业作为实施乡村振兴战略、实现农民共同富裕的重要抓手,各级政府在机制创新、科技投入、政策保障等方面加大扶持力度,使核桃产业基础不断巩固,产值规模不断攀升,增收效益持续释放,有力巩固脱贫攻坚成果,助推了乡村振兴。

　　2022年,我国食用植物油消费达3678万吨,自给率仅为33.6%,大力推动茶油、核桃油等木本油料产业发展,有利于减少我国食用油对外依存度。据统计,2023年我国核桃约5%用于榨油。核桃仁含油量高达60%~70%、蛋白含量15%~20%,核桃不与农争地、不与人争粮,具有既能直接食用又能榨油和获取优质蛋白等的综合优势。2023年初,核桃油加工企业增至4826家,规模以上核桃油加工企业70家,核桃仁平均出油率65%左右,核桃油产量约8.0万吨,核桃蛋白深加工对核桃全产业链提质增效、产业链延伸及可持续发展的带动作用日益显现,成为产业发展的重要推动力。作为重要的木本油料,核桃产业对实施

"藏粮于林""藏油于树"战略、保障国家粮油安全意义重大，是确保我国粮油蛋白供给安全的优势产业和潜力产业。

了解核桃在种植、加工、贸易等全产业链发展的基本面和在政策环境、市场需求、重点区域和企业发展等方面的新动态，全面准确把握产业发展存在的加工专用品种缺乏、栽培模式参差不齐、单产水平差异大、机械化水平不高、深加工利用率低、营养健康产品及销售模式单一等问题，并提出产业发展的对策建议，这些举措对全方位推动我国核桃产业高质量发展具有重要意义。中国乡村发展志愿服务促进会（以下简称促进会）高度关注我国核桃产业发展，于2023年发布了《中国核桃产业发展蓝皮书（2022）》，为我国核桃产业发展问诊把脉，并提出了引领产业健康发展的对策建议。在此基础上，促进会精心策划组织《中国核桃产业发展蓝皮书（2023）》，更加详尽地展示我国核桃产业发展图景，通过数据和案例记录产业发展进程，旨在系统了解并实时掌握我国核桃产业发展的最新动态，积极探索我国核桃产业健康发展新路径，为推动我国核桃产业高质量发展、助力乡村振兴提供参考。

《中国核桃产业发展蓝皮书（2023）》与2022年度蓝皮书相比，在框架结构上有所调整，共分为七个章节和附录：第一章，主要从种植、加工、从业人员、销售等不同维度介绍我国核桃产业发展的基本情况；第二章，主要从政策环境、技术环境、市场需求和国内外同行对比等角度介绍我国核桃产业发展的外部环境；第三章至第五章，从我国核桃产业发展的重点区域、重点企业、代表性产品等方面进一步反映产业发展现状，介绍全产业链发展的成果经验和做法；第六章，从国内行业发展引领、区域经济发展、农民就业增收和促进科技进步等方面对中国核桃产业发展带来的效益进行系统分析与评价；第七章，对我国核桃产业存在的主要问题进行剖析，同时提出产业发展对策与建议；并附2023年核桃产业发展大事记。

在此向参与本蓝皮书编写、评审、出版，以及在撰写过程中给予帮助的各位领导、专家、企业家等，表示衷心的感谢！由于编写时间仓促，本书仍存在诸多不足，真诚欢迎社会各界领导、专家学者和广大读者批评指正。

第一章

核桃产业发展基本情况

第一节　引　言

核桃科植物在我国有7属27种，其中核桃属、山核桃属以及喙核桃属部分种的坚果因具有极高的食用价值而被广泛栽培利用。核桃属中的核桃和泡核桃在我国分布和栽培面积最广，栽培历史悠久，是我国两个主要的栽培种。本蓝皮书所介绍的核桃产业以核桃属中的食用核桃为主。

近年来，我国核桃产业正在由注重发展速度向注重发展质量转变，高质量、可持续发展成为核桃产业发展的主基调。随着部分核桃树进入盛果期以及管理水平的提高，在种植面积基本稳定的情况下，2022年我国核桃年产量达到593.46万吨，与上一年度相比提高了9.8%，一二三产融合发展得到进一步加强。在一产种植领域，我国核桃良种化率进一步提高，各地选育核桃、泡核桃优良品种、品系超过300个，良种化面积不断扩大。同时，核桃栽培模式不断优化，栽培技术和机械化推广力度不断加强，新技术、新方法得到广泛应用，这极大地促进了我国核桃产业的发展。在二产加工领域，随着核桃传统消费市场的饱和，核桃新增产能转向油用及综合加工利用，核桃制油成为落实国家粮油安全新战略、促进核桃产业可持续发展的重要方向。据统计，全国从事核桃储藏加工的企业超过2.25万家，其中布局核桃油的企业数量由2021年底的1817家增加至2023年初的4826家，深加工对核桃产业链提质增效、产业可持续发展的带动作用日益显现。在三产商品化与市场营销领域，在传统销售模式的基础上，"平台经济"使核桃销售渠道更加多元，新媒体营销模式逐渐释放活力，核桃销售方式更加丰富，信息化平台建设为核桃经营者提供了更广阔的舞台，直播带货、短视频营销、社交营销使人均线上核桃消费量持续提升。核桃产业融合力度的持续加强，也推动了产品品牌建设，进一步促进核桃产品消费。

第二节　核桃种植情况

一、核桃种植区域分布

（一）我国核桃的地理分布及产业规模

我国核桃分布广泛，除黑龙江、海南等少数省（区、市）外，各省（区、市）均有栽培。综合行政区域完整性和栽培规模等原则，可将我国核桃分为东部近（沿）海，黄土高原，新疆，华中、华南，西南和西藏6个分布区，各区又可细分不同的亚区（见表1-1）。

表1-1　我国核桃分布区及亚区

分布区	亚区
东部近（沿）海分布区	①冀、京、辽、津亚区 ②鲁豫、皖北、苏北亚区
黄土高原分布区	①晋、陕、甘、青、宁亚区 ②陕南、甘南亚区
新疆分布区	①南疆分布区 ②北疆分布区
华中、华南分布区	①鄂、湘亚区 ②桂中、桂西亚区
西南分布区	①滇、黔、川西亚区 ②四川亚区
西藏分布区	①藏南亚区 ②藏东亚区

根据《中国林业和草原统计年鉴》的数据，我国核桃产量（见图1-1）从2010年的128.45万吨持续增长至2017年的417.14万吨，2010—2014年产量平均增幅较大（21.12%），但后期产量增速明显减缓。2018年受早春霜冻和降雪灾害影响，核桃产量下滑至382.07万吨，2019年核桃产量在2018年基础上迅猛增长（增幅22.73%）至468.92万吨，2020年核桃产量略有增加，2021年核桃产量达540.35万吨，2022年核桃产量再创新高至593.46万吨，近10年核桃年产量平

均增速超过14%。我国核桃种植面积从2010年的0.36亿亩快速发展到2018年的1.22亿亩，之后略有下降，2022年核桃种植面积稳定在1.2亿亩。

图1-1　我国2010—2022年的核桃年产量及产量增幅

2010—2022年全国核桃各产区年产量如图1-2所示。近10年，西南、新疆、黄土高原、东部近（沿）海4个产区一直是我国核桃传统主产区，核桃产量分别约占全国产量的40%、20%、16%和16%，仅云南和新疆总产量就超过全国产量的50%。并且西南、新疆占比逐年提高，分别由33%提高到46%、由14%提高到22%，而东部近（沿）海分布区占比一直在下降，由2011年的25%降至2022年的10%，华中、华南分布区由2010年的8%降至2022年的1%，核桃产业明显萎缩；黄土高原分布区占比存在一定程度波动（相对较为稳定）。2022年，核桃产量超过10万吨的有滇、新、川、陕、晋、甘、豫、冀、鲁，基本形成较为稳定的分布格局和产业规模。基于核桃生产、消费相关静态统计年鉴数据，以及从基本竞争力、生产竞争力、市场竞争力和技术竞争力4个方面对我国核桃主产省（区、市）进行综合评价：①滇、新、川、京、鲁的核桃产业竞争力最强，可加快科技创新，引领核桃产业科技化；②豫、晋、陕、冀的竞争力较强，在产业规模的基础上，可重点发展加工产业，推动核桃产业升级；③以渝、皖、鄂、湘、甘、黔、藏为代表的区域，核桃产业竞争力相对较弱，可发展优质产品，发挥产业潜力。

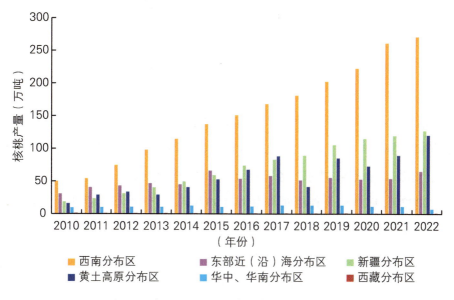

图2-2　我国2010—2022年各产区的核桃年产量

（二）核桃主产省（区、市）种植业概况

云南是我国核桃主产大省，2021年核桃种植面积达4300万亩，2022年总产量为191.33万吨，分别占全国核桃种植面积和产量的35.8%和32.2%，均居全国第一，已成为全球最大的核桃种植基地和生产基地。在省内，核桃是种植面积最大的经济林作物，129个县（市、区）中，有116个县（市、区）形成核桃规模化种植，其中12个县（市、区）的种植面积超过100万亩，25个县（市、区）超过50万亩。根据云南林业和草原局统计数据，大理、临沧、楚雄、保山、丽江、昭通和曲靖核桃种植面积均在200万亩以上，为云南核桃重点发展区域。

2022年新疆核桃种植面积为636万亩，总产量为127.22万吨，分别占全国核桃种植面积和产量的5.3%和21.4%，种植面积位居全国第五、产量位居全国第二。新疆核桃主要种植在阿克苏、喀什、和田等南疆地区，从栽培区域划分来看，和田地区的和田县、和田市、墨玉县和洛浦县，喀什地区的叶城县、泽普县、莎车县，阿克苏地区的阿克苏市、温宿县、库车市、新和县、乌什县等12个县市属于适生区。和田地区的皮山县、策勒县和于田县3个县，喀什地区的麦盖提县和英吉沙县，阿克苏地区的沙雅县和阿瓦提县等7个县属于次适生区。

2022年，四川核桃种植面积为1630万亩，总产量为68.03万吨，分别占全国核桃种植面积和总产量的13.6%和11.4%，种植面积位居全国第二，产量仅次于云南和新疆，位列第三。四川核桃种植分布在全省21个市（州）146个县（市、区），其中广元、凉山、巴中均超过百万亩，面积超过5万亩的县市区有60个。广元市、凉山州、绵阳市核桃年产量超过5万吨。广元市朝天区、利州区和攀枝花市米易县等18个县（市、区）核桃种植户在核桃种苗生产、基地培育、干果销售、产品加工与储运、技术服务等环节人均收入超2000元。

2022年，陕西核桃种植面积为1073.98万亩，总产量为47.6万吨，分别占全国核桃种植面积和总产量的8.9%和8.0%，种植面积位居全国第三、产量位居全国第四。陕西核桃从自然种植区域上可划分为秦巴山区与渭北丘陵区两大区域。秦巴山区的核桃栽培以商洛市（洛南、商州、山阳三县）最为典型。商洛是核桃的优生区之一，是全国出口核桃的著名产地，核桃出口量约占全省的80%。以黄龙、宜君、耀州为重点的渭北核桃种植区，利用土层深厚、光照充足等自然条件和丰富的土地资源，把核桃产业列为发展县域经济的主导产业。

2022年，山西核桃产量为37.22万吨，占全国核桃总产量的6.3%，产量位居全国第五。山西核桃栽培区域为海拔1000米以下丘陵区、浅山区和平川区。除朔州市外，在其他10个市的90多个县（市、区）均可种植，汾阳、古县、黎城、左权、灵石、垣曲等相继被国家林业和草原局授予"中国核桃之乡"称号。

2022年，甘肃核桃产量为35.08万吨，占全国核桃总产量的5.9%，产量位居全国第六，主要分布在陇南南秦岭山地、陇东南北秦岭山地和陇东南部黄土高原丘陵区。

2022年，河南核桃产量为23.74万吨，占全国核桃总产量4.0%，产量位居全国第七，主要分布在洛阳、南阳、安阳、新乡、焦作、济源、鹤壁等地，栽培面积较大、产量较高的有卢氏、济源、栾川、洛宁、卫辉、林县、西峡等县（市）。

2022年，河北核桃产量为20.90万吨，占全国核桃总产量的3.5%，产量位居全国第八，主要分布在太行山浅山丘陵区和燕山南部浅山丘陵区。太行山浅山丘陵区主要有涉县、武安市、临城县、平山县、赞皇县、阜平县、易县、涞水县等县（市、区）。燕山南部浅山丘陵区主要有兴隆县、迁西县、迁安市、遵化市、卢龙县等县（市、区）。

2022年，山东核桃产量为11.17吨，占全国核桃总产量的1.9%，产量位居全国第九，主要分布在以泰山为中心的泰安、历城、长清、肥城、东平、新泰、莱芜、章丘等地；以鲁山为中心的青州、临朐、沂源、沂水等地和以尼山为中心的平邑、费县、滕州、邹城、枣庄、苍山等地。

整体来看，核桃种植呈现向适生区、主产区集中的趋势，核桃产业布局的集约化程度越来越高。

二、核桃品种与栽培模式

据不完全统计，在有效期内并在生产中使用较多的省级以上审认定良种、新品种有239个。在实际生产中应用最多的还是早期选育的品种，后期选育的品种由于苗木繁育的滞后性，在一定程度上错过了快速发展的黄金期。我国在核桃产业快速发展阶段，由于良种较少、良种苗木准备不足，导致许多实生苗和品种混杂苗大量流入市场。虽然这些实生园或品种混杂的核桃园在后来进行了良种改接，但品种混杂、实生单株多的核桃园仍大量存在。目前各主产省（区、市）的区域品种及相应栽培模式如下。

（一）云南省

云南核桃种植模式主要分为房前屋后种植、生态林型。云南区域化选配品种涉及14个，分别为：①漾濞泡核桃。漾濞泡核桃是云南第一大主栽品种，栽培面积约2500万亩，主要栽培于漾濞、永平、云龙、昌宁、凤庆、楚雄、隆阳、景东、南华、巍山、洱源、大理、南涧、腾冲、新平、峨山、易门、镇源、云县、临祥、双江、永德、泸水、兰坪、维西等县（市、区）。②大姚三台核桃。三台核桃栽培面积500万亩，仅次于云南省漾濞泡核桃，是云南省第二大主栽品种，主要栽培于云南省大姚、宾川、祥云、新平、双柏、武定、禄劝、楚雄、南华、富源等县（市、区）。③昌宁细香核桃。主要栽培于云南昌宁、龙陵、隆阳、施甸、腾冲、芒市、陇川等县。④华宁大砂壳核桃。主要栽培于云南华宁、江川、通海、红塔、澄江等县。⑤娘青核桃。主要栽培于漾濞、云龙、剑川、洱源、维西等县（市、区）。⑥龙佳。主要栽培于云龙、漾濞、盘龙、砚山、富民、会泽、大姚等县。⑦胜勇1号核桃优良无性系。主要栽培在永胜、会泽、寻甸、禄劝、砚山等县。⑧紫桂。主要栽培于大姚县、永胜县、宾川县、祥云县、姚安县。⑨维2号。主要栽培于维西县、剑川县、会泽县、富源县及周边相邻的地区。⑩宁香。主要栽培于昌宁、盘龙、砚山、富民、会泽、大姚等县（市、区）。⑪泽圣2号核桃优良无性系。主要栽培区在会泽、大理、砚山、大姚等地。⑫胜霜1号核桃优良无性系。主要栽培区在永胜、玉龙县、会泽县等地。⑬泽圣1号核桃优良无性系。主要栽培区在会泽、富民、砚山、大姚等地。⑭泽圣3号核桃优良无性系。主要栽培区在会泽、富民、砚山、大姚等地。云南优良品种的种植宜选合适的栽培地区及立地条件。

（二）新疆维吾尔自治区

目前，新疆核桃品种有温185、新新2、扎343、新早丰、温179、新萃丰、温81等，主栽品种为温185、新新2、新早丰、扎343等。种植模式主要分为两种：林农间作模式和园式种植模式。林农间作模式主要是核桃与棉花、粮食间作，占新疆核桃栽培总面积的90%以上，其特点是核桃行距8米以上，株距4~6米，每亩15~20株，有利于长期间作。选用树势强、树冠较大的新早丰和扎343品种，这两个品种具有"长势旺，树冠开张，树冠高大，适应性强，丰产性中上"等特点，盛果期每亩生产核桃150公斤左右。园式种植也称建园式栽培，即以经营核桃为主要目标，前期可间作矮秆农作物。园式栽培多限于国营林农场、公司企业及科技示范园的经营范围。其特点是单位面积株数多，株行距（3~5）米×（4~6）米（每亩22~55株），经营管理水平要求高。选用小冠丰产型的温185和新新2品种，这两个品种具有"树冠紧凑，树体较矮小，丰产性强尤其早期丰产，对肥水及生产管理技术要求高"等特点，盛果期每亩可生产核桃250~300公斤。

（三）四川省

四川核桃的品种化已逐渐过渡到以省内选育的本地核桃为主。在众多的本地核桃品种中，盐源早是最突出、对四川核桃产业发展贡献最大的品种。该品种是从四川省凉山州盐源县实生核桃中选育的天然杂交早实核桃品种，具有丰产、抗性强、成熟早、果品好等优点，是四川栽培面积和产量都最大的核桃品种，占到全省品种核桃80%以上。硕星核桃是川北核桃产区，尤其是广元市的主栽品种。夏早、青川1号、旺核2号等9个核桃良种，作为优质推介品种在全省推广使用。

（四）陕西省

陕西作为核桃的优质适生区域和传统栽培地区，目前主栽的核桃品种较多。商洛市主栽品种有香玲、辽核1号、鲁光等。近两年，新发展少量的特色核桃品种红仁核桃，深受群众喜爱。安康市主栽有香玲、辽核1号、辽核4号、中林系列、清香等品种，低海拔地区香玲、辽核系列品种丰产性强，高海拔地区清香优势稍明显，具有晚熟、味香的特点。铜川市以香玲、清香、辽核1号等品种为主。延安市作为核桃传统栽培老区，主栽品种有香玲、辽核4号、辽核1号、维纳、强特勒等。宝鸡市主栽品种有香玲、辽核1号、辽核4号，鲜食品种以西林3号、清香等为主。渭南市自然条件优越，以平地栽培为主，立地条件较好，主栽品种以香玲、辽核4号、西扶2号等。咸阳市主栽品种有香玲、辽核2号、鲁光等。西安市主栽品种有香玲、辽核1号、辽核4号、清香、西扶1号等，表现均比较稳定，大、小年不明显，品质优良。汉中市主栽品种有香玲、辽核系列、中林系列、清香等，其中清香适应性及抗性强，晚熟、果大、味香。榆林市主栽品种有香玲、辽核1号、西扶1号、礼品1号等。

（五）山西等其他主产省

山西主栽品种为外来品种。在良种推广上，山西核桃栽培基本实现了品种化，主要栽培品种有20多个，包括辽宁1号、辽宁6号、中林1号、中林3号、香玲、鲁光、薄壳香、薄丰、扎343、丰辉等，晚实型主要有晋龙1号、晋龙2号、清香等。

甘肃主栽品种较多，包括清香、香玲、元林、辽宁1号、晋龙1、晋龙2、元丰、强特勒等外来品种，推广的本地核桃品种有陇薄香1号、陇薄香2号、陇薄香

3号、陇南15和陇南755等。

河北核桃主栽品种中，辽宁1号栽种面积占50%以上，以香玲和绿岭为主的栽培面积约占25%，以清香为主栽品种的面积占10%以上，其他品种中，本地审定的良种魁香、元宝、硕宝、西岭、赞美等占总面积的5%。

山东有较大推广面积的品种有元林、香铃、鲁光、元丰、礼品1号、礼品2号、丰辉、青林、寒丰、辽核1号、辽核4号、辽核6号、辽核7号。

我国大部分核桃产区的新建核桃园以纯园栽培为主，也有林农间作模式。在纯园栽培中，株行距大多为（3~6）米×（4~8）米，由于配套技术未及时跟上，许多密植园未按密植技术要求管理，尤其是在整形修剪方面，这导致树形紊乱、果园郁闭等现象普遍存在，从而导致核桃产量低、品质参差不齐、效益低。在良种良法配套、技术管理较好的核桃园，基本能实现优质丰产和较高的收益。

三、核桃树体管理情况

（一）整形修剪

目前，大多散生轻管核桃树以自然圆头形为主，树体衰弱时进行适度的更新修剪。对大多新植核桃园，根据不同的立地条件、栽培密度、品种特性及管理要求选择适宜的树形，如"疏散分层形""高位开心形""纺锤形""主干形"等。矮化密植园多采用"开心形""纺锤形""主干形"等树形；稀植园和林农间作园多采用"疏散分层形""高位开心形"等树形。为便于机械化管理、创造果园良好的通风透光条件，需构建科学、简化的树体结构，根据树形要求来培养主干和主枝，在主枝（或主干）上直接培养结果枝组，以弱化或取消侧枝，使树体结构简化，并采取密株宽行的种植方式，及时回缩超过树高和冠幅的延长枝，使行间保持1.0~1.5米的空间。

（二）花果管理

核桃花果管理一般包括疏雄花、疏果和人工辅助授粉等。由于疏雄用工量大，目前在生产中很少应用。为保证坚果高质量生产，对于坐果率高的核桃品种,在幼果期可结合修剪疏除过多幼果,一般以每平方米树冠投影面积留40~60个果或以叶果比2:1~3:1为宜。大多核桃园栽植时授粉树配置较为合理,一般不需要进行人工辅助授粉。随着核桃采收机械化的日益推进,为提高机械采收效率,可在采前喷施乙烯利,使采收时果实更易脱落。

四、核桃园土肥水管理情况

(一)土壤管理

核桃对土壤的适应性较强,不论在丘陵、山地还是平原都能生长。核桃树大根深,适于土层1米以上、土质疏松和排水良好的沙壤土和壤土生长,黏重板结的土壤或过于瘠薄的沙地不利于核桃的生长发育。核桃适宜在pH值范围为6.5~7.5的土壤里生长,即在中性或微碱性土壤上生长最好。漾濞核桃适宜在pH值范围为5.5~7.0的土壤里生长,即在中性或微酸性土壤上生长最好。核桃能够忍耐的土壤含盐量在0.25%以下,超过0.25%就会影响生长发育和产量,含盐量过高还会导致树体死亡。

在核桃园土壤管理中,仍以清耕为主,为了减少人工投入,除草剂使用较多。随着技术的推广和观念的转变,园内生草得到一定的应用并日益受到种植者重视,行间自然生草或种植黑麦草、白三叶等,构建果园良好的生态,并为土壤提供优良的有机质来源。2~3年深翻1次,一般果园多结合施用有机肥和枝叶废弃物进行轮换翻耕,并在实施过程中加入含有土壤益生菌的土壤改良剂或生物有机肥,实现果园土壤的持续改良。

(二)施肥

1.核桃需肥情况

核桃的需肥情况因树龄、品种及环境条件等变化而不同。核桃幼树吸收氮量较多,对磷和钾的需求量偏少。随着树龄的增加,特别是进入结果期以后,核桃树对磷、钾肥的需要量相应增加。晚实核桃在中等肥力条件下,按树冠垂直投影面积(或冠幅面积)每平方米计算,在结果前的1~5年,每平方米冠幅面积年施肥量(有效成分)为:氮肥50克,磷、钾肥各10克。在进入结果期的6~10

年，应适当增加施肥量，氮肥50克，磷、钾肥各20克，并增施有机肥5公斤。早实核桃从2年生开始结果，为了确保树体与产量的同步增长，施肥量应高于晚实核桃。一般1~10年生的核桃树，每平方米冠幅面积年施肥量为：氮肥50克、磷肥20克、钾肥20克、有机肥5公斤。成年树的施肥量在参考此标准时，应适当增加磷、钾肥的用量，一般按有效成分计，其氮、磷、钾的配比以2∶1∶1为好。

2. 核桃施肥方式

核桃施肥主要方式是基肥结合追肥。基肥施用时间以秋施为好，早秋施比晚秋或初冬施为好。基肥以有机肥料为主，一般包括腐殖酸类肥料、堆肥、厩肥、圈肥、秸秆肥和饼肥等。基肥配合一定数量的速效性化肥，比单施有机肥效果更好。幼树多用环状沟和条沟法施肥，成年大树多用放射状沟施肥。

3. 核桃施肥时间和施肥量

管理较好的核桃园每亩施用腐熟后的羊粪、鸡粪等有机肥或生物菌肥1~2吨。追肥施用时间一般在萌芽期、果实膨大期和硬核期。以速效性肥料为主，如尿素、碳酸氢铵以及复合肥等。萌芽期追施速效氮肥，追肥量为全年追肥量的50%。果实膨大期仍以速效氮肥为主，与磷、钾肥配合施入，追肥量占全年追肥量的30%。硬核期以钾肥为主，此期追肥量占全年追肥量的20%。干旱地区追肥多采用穴施，有条件的果园可采用撒施并用旋耕机翻耕。

由于人工费用较高、核桃价格偏低等原因，为减少成本投入，施有机肥的核桃园越来越少，一般结合浇水施入适量或少量化肥，甚至不施，这是造成核桃产量低、品质差的重要因素。

（三）水分管理

在我国，一般年降水量为600~800毫米，基本上可以满足核桃生长发育对水分的需要。我国南方的绝大部分地区及长江流域的陕南、陇南地区，年降水量都在800~1000毫米，种植核桃一般不需要灌水。北方地区年降水量多在500毫米左右，且分布不均，常出现春夏干旱，种植核桃需灌水补充。灌水要根据果树一年中各物候期生理活动对水分的要求以及当地的气候、土壤及水源条件而定。核桃生长发育适宜的土壤含水量为田间最大持水量的60%~80%。

一般以田间最大持水量的60%作为灌溉指标,或用土壤绝对含水量8%~12%作为灌溉指标(沙土8%、壤土12%)。根据土壤墒情和降水情况,按照核桃的生长发育特点,一般在萌芽前、果实迅速膨大期、果实采收后至土壤结冻前等关键时期结合施肥进行灌溉。灌水多采取漫灌方式,管理较好的核桃园结合肥水一体化,一般采用滴灌、渗灌等节水灌溉。轻度干旱或水源不足的果园一般采用交替灌溉实现节水。在无灌溉条件的山区或缺乏水源的地方,多利用鱼鳞坑、小坎壕、蓄水池等水土保持工程拦蓄雨水,或使用高分子吸水剂,增加蓄水能力,有条件的可进行行内覆草或园艺地布,以此实现节水保墒的目的。

五、核桃病虫害防控情况

(一)核桃病虫害总体概况

1. 核桃病虫害发生复杂

我国核桃病虫害种类多,已知核桃病害有30多种,如细菌性黑斑病、炭疽病、白粉病、根腐病等,对核桃叶片、果实、枝干、根部等不同部位产生危害;虫害如核桃举肢蛾、云斑天牛、山楂红蜘蛛等。新病虫害和入侵病虫害不断有报道,如*Neofusicoccum parvum*引起的溃疡病(2015),成团泛菌*Pantoea agglomerans*和*P. vagans*引起的核桃果顶黑斑病(2019),*Boeremia exigua*引起的核桃枝枯病(2016),*Nothophoma juglandis*引起的核桃心腐病(2023),*Pseudomonas oryzihabitans*引起的核桃叶斑病(2023)等,截至目前,核桃上分离出的病原菌达20属40种。近年来,核桃焦叶症在新疆主产区大面积发生,对于土壤条件不好又缺乏灌溉的果园,发病率高,给核桃生产带来较大影响。在虫害方面,包括美国白蛾(*Hyphantria cunea*)、毛小蠹虫(*Dryocoetes himalayensis*)等在我国多地也有报道。

2. 核桃病虫害防控难度大

我国大多核桃园管理相对粗放,肥力差、树势弱、果园郁闭等都加剧了有害生物的传播和危害。受效益低的影响,我国许多核桃种植园处于弃管状态或者间作模式,加剧了核桃营养、光照等的不平衡,使得病虫害扩散严重。再有,零散的种植模式和分散的个体防控也不利于区域病虫害防治。

3. 特殊气象条件诱发严重病虫害

霜冻、干旱少雨、高温等特殊气象条件易造成落果落叶，加剧病虫害发生。如在秦巴山区的"倒春寒"，核桃受害株率可达40%，少数地区高达70%，并引发核桃溃疡病、腐烂病、毛小蠹虫等的次生危害；南疆的干旱和高温易导致核桃叶枯病、焦叶病发生。这些自然灾害加剧了核桃大小年的出现，影响了核桃品质。

（二）核桃主要病虫害发生特点与防控

1. 叶片和果实病虫害

危害核桃叶片、果实的病虫害最多，其中，病害有细菌性黑斑病、炭疽病、枯叶病、毛毡病等，虫害有核桃举肢蛾、核桃长足象、桃蛀螟、麻皮蝽、核桃扁叶甲、刺蛾、木橑尺蠖、核桃黑斑蚜、山楂红蜘蛛等。

核桃细菌性黑斑病、核桃炭疽病可同时危害果实、嫩枝和叶子，是生产中核桃落果、"核桃黑"发生的主要原因。不同品种对该病的抗性差异较大。采用稀植模式，适度加大株行距，改善果园的通风透光条件有利于病害防控。发病期喷施生菌素、波尔多液、过氧乙酸等杀菌剂可起到防控作用。

核桃虫害可通过害虫的趋光、趋性激素、下树越冬等特性进行诱杀，结合药剂喷施防治可收到较好的效果。以核桃举肢蛾的防控为例，除发生期喷施内吸性杀虫剂，核桃举肢蛾的防治还可通过人工清理受害果实、性引诱剂和病原微生物等进行防控。

2. 核桃枝干病虫害

核桃枝干病虫害种类多，危害严重，防治困难。主要的枝干病害有核桃溃疡病、核桃膏药病、核桃枝枯病等，虫害主要有云斑天牛、核桃小吉丁虫、桑盾蚧、天牛等。

核桃膏药病主要发生在我国南方湿度大的核桃园，北方果园少见，受害株率可达60%，严重时可达到90%，利用40%松脂酸钠对核桃膏药病具有较好的防治效果。溃疡病对南方地区山核桃危害严重，核桃属中的部分品种抗性较强,但大多数核桃品种易感该病。

云斑天牛主要危害老树和衰弱树,由于其寄主谱广,核桃园发生云斑天牛后很难控制,而星天牛、桑天牛主要发生在我国南方果园。核桃横沟象可危害根和干茎,是秦巴山区低海拔地区核桃树死亡的重要原因。枝干病虫害的防治需要做好预测预报、充分利用天敌生物、控制越冬场所和使用抗性品种,灾害发生后需对病斑进行刮除和涂抹药剂、对蛀孔进行填堵熏杀和锤击杀卵。

3. 核桃根部病虫害

核桃根部病虫害包括根白绢病、根腐病、核桃横沟象、蛴螬等。核桃横沟象多产卵于根部的裂缝和嫩根表皮层中,使被害核桃树根皮被环剥,造成树势衰弱,更甚者整株死亡。核桃横沟象在巴山地区主要发生在低海拔、农林间作的果园。金龟类害虫以第一代幼虫集中在7—9月取食核桃根部,之后向土壤中转移越冬。对根部病虫害可采用土壤消毒、伴土、诱杀等技术防治,但因发现困难,防控相对比较困难。

六、核桃农艺农机融合发展情况

随着人工成本不断提高,加之人口老龄化的发展趋势,农业生产正从劳动密集型向机械化、智能化转变,核桃生产中的农艺农机融合取得了一定进展。核桃适应性强,种植地包括平地核桃园、有一定坡度的丘陵地和山地核桃园、散生核桃园等。在核桃园中,农艺农机融合应用场景较多。

(一)果园通用农机设备

核桃树体高大,树形结构较复杂,要实现核桃的机械化生产,栽植模式必须由传统的稀植大冠向适度的宽行、矮化密植转变。单株树形以"纺锤形""主干(枝)形"等树形为主,将整行作为一个整体进行管理。随着轻简化栽培技术的应用,一些新建园的早实核桃品种株行距为(2~3)米×(4~5)米,晚实品种株行距为(3~4)米×(5~6)米,规范的种植更有利于农机的通行和操作。从核桃园的初期建设到核桃采收,果园通用农机的应用,大大提高了各个场景的工作效率。

在建园整地过程中需要用到的农机包括大中型拖拉机配套铧式犁、挖掘机、旋耕机；在定植时要用到挖穴机（或挖掘机）；在果园管理过程中，农户种植的核桃园70%基础设施不完善，机动喷雾器的普及率只有约30%，人工加压喷雾器的使用仍较普遍；割草机械的普及率不到10%，且多为小型机械；施肥机械、修剪机械等的使用近乎为零；果园施基肥几乎全靠人工开沟施肥，用工多，劳动强度大。

（二）核桃栽培管理专用农机

相对而言，核桃专用机械的研发、应用不足，尤其在核桃的整形修剪和采收方面。受核桃栽培方式、经营方式、研发投入等多因素的限制，我国核桃的机械化修剪尚处于试验、研发及起始应用阶段，在人工修剪上虽有电动修枝剪（锯）使用、多功能作业平台的实验性应用，但自动化、智能化程度高且适用性强的成套修剪设备仍待研发。

在核桃产业链上，采收是核桃园生产的关键环节，也是目前农业机械化最薄弱的环节之一。核桃采收作业季节性和劳动密集性较强，核桃收获所用的劳动力占核桃园生产过程的35%以上。采收机械设备研发和应用进展实例如下。

1.震动式核桃采收机

该机操作简便，在我国新疆南疆的核桃种植园应用较为普遍，在山西等地的核桃园也有一些应用，可以大幅提高采收效率。该设备将震动式采收机固定在拖拉机后部，通过绳索套挂在树主干上，通过动力传输将圆周运动转化为往复运动，可以快速震动树干使核桃脱落，如图1-3所示。

图1-3　震动式核桃采收机

2. 变频变幅式核桃摇振采收车

该采收装备是北京林业大学的专利产品，采用履带底盘为行走装置，载摇振装置和收集箱，以适应不同地形、坡度，可较好的跨沟越障。设备具有采收自适应性，摇振装置可以改变振频和振幅，以适应不同树形达到最优激振效果，并且具有作业灵活性及高保护性，通过绳索将激振力传递于树体，针对不同树形树体，可以灵活地改变激振力施加位置，且绳索为柔性体，最大限度保护核桃树，保证来年结果率。该设备在陕西延安地区核桃园得到应用，设备如图1-4所示。

图1-4   变频变幅式核桃摇振采收车

3. 便携式干果采收机

该设备采用多段碳纤维杆对接组合式结构，由背负锂电池供电手柄箱内的特种电机，通过传动轴多级传递动力，驱动采收杆顶部的采收装置带动相应树枝做往复摇动，在振动加速度的作用下，实现果、枝分离。作业时，采收头上U形钩挂住树枝，一次可完成对整个树枝的采收，大幅提高了采收效率。可通过改变传动杆安装的数量，实现对不同高度树枝的采收。该采收机可广泛适用于丘陵、山地核桃等干果的高效采收，续航时间长，满电可持续作业6～8小时，作业效率等同于5～10人的采收作业。该设备由中国农业机械化研究院研发，目前在四川广元朝天区的核桃产业得到应用推广。设备如图1-5所示。

图1-5　便携式干果采收机

4.手推式落地核桃捡拾机

新疆农业科学院农业机械化研究所开发研制了该设备，主要用于将振落到地面上的青核桃和光果核桃捡拾到收集筐中，该设备实现了高效低损的捡拾、收集，解决了核桃收获环节缺乏机具、劳动力严重不足、捡拾成本高的突出问题，有效提高了捡拾机具的生产效率和可靠性。该机生产率≥400公斤/小时；作业幅宽500毫米；破损率≤0.2％。该设备在南疆地区地势较平坦的核桃园应用较多，受到核桃种植者的好评。设备如图1-6所示。

图1-6　手推式落地核桃捡拾机

七、核桃果实采收与坚果品质评价情况

（一）核桃采收方式与种植模式的关系

核桃采收主要依赖人工完成，主要的采收方式有自然落果法、人工采摘、机械式采收等，人工与机械相结合的方式只在部分地区被采用。不同的种植模式适宜的采收方式不同，匹配的采收设备也不相同。如在山区和丘陵坡地，类似阶梯式的种植条件下，可采用事先安装好的网兜滚动到山脚的收集桶中，省去了上山捡拾的步骤，节省人工成本。在大面积产业化的核桃种植园中，会面临务农人员老龄化严重，人工采收会出现人工不足、人工成本增加的情况，因此机械采收势在必行。机械化采收要求在种植模式方面，需要给机械化装备留有活动空间，为机械化采摘模式提供条件才能让机械化采收成为可能。针对特定的种植模式，科研机构和企业也在有针对性地开发相应设备，以和现有种植模式相匹配。如在株行距较窄的核桃园中，便携式采收机、小型震动式采收机比较适用，容易得到较好推广。

（二）影响核桃坚果商品价值因素

采收是影响核桃坚果商品品质的主要环节之一，按照品种进行分类采收有利于核桃品质的统一。但在我国很多地区的核桃园，尤其在山坡丘陵地带，按照品种采收存在一定难度，即使在平地核桃园，由于种植者对品种认识不清，混采混收现象依然很严重，极大地影响了核桃坚果的商品价值。另外，采收期的选择对坚果品质有较大影响，核桃采收时期不同，其成熟度差异大，核桃的成熟度与核桃品质及后期贮藏密切相关。以温185核桃为例，早采收（8月22日）与晚采收10天（9月1日）相比，两者在青皮贮藏期间果实品质变化趋势差别较大，前者在贮藏期间腐烂严重、含水量高，而后者在贮藏期间核桃裂果较严重，鲜贮效果不好。提高核桃采收及后期加工贮藏等技术水平，注重核桃产后坚果分级及质量等级的标准化规范，是提升核桃商品价值的重要手段。明确采收期，制定采收标准，完善标准化栽培生产及采后处理体系是核桃适时采收的重要保障。

（三）核桃坚果品质评价方法及其加工适宜性评价

核桃坚果品质关系到核桃的商品价值，核桃坚果因核桃果实的品质不同、外观形态不同、核桃仁中所含各物质含量不同而有不同级别。目前，核桃坚果品质评价相关的行业标准是《核桃标准综合体》（LY/T 3004-2018）第八部分：核桃坚果质量等级及检测，该标准规定了核桃坚果质量等级、分级和检测方法。在坚果质量要求与分级方面，该标准规定了感官指标、物理指标和化学指标三方面的分级要求。其中，感官指标的基本要求是坚果充分成熟，大小均匀，壳面洁净，无露仁、出油、虫蛀、霉变、异味、杂质等，未经有害化学漂白处理，主要根据果形、核壳、核仁的特点分为特级、一级和二级。三个级别的核桃坚果在良种纯度、平均横径、平均果重、破损果率、取仁难易、出仁率等物理指标方面进行了指标水平的限定，对酸价和过氧化值等化学指标进行了限定。在具体应用中，一般首先通过感官指标、物理指标进行评判，进而再测定化学指标，如果三个指标均在特级范围，则判定为特级，如果有一个指标落在了下一个级别，则按照较低级别进行评判。安全指标参照国标《食品安全国家标准 坚果与籽类食品》（GB 19300-2014），净含量要求应符合《定量包装商品净含量计量检验规则》（JJF 1070-2023）。《核桃标准综合体》还规定了取样和检测要求以及评判规则，并对标签、标志、包装、运输和储存进行了说明。该标准并未给出核桃坚果加工适宜性的依据，目前核桃加工适宜性评价方面的标准和方法尚属空白。

第三节　核桃加工情况

一、核桃加工区域分布与规模

1996年至今，农业部、国家林业局及中国经济林协会先后四次命名了28个"中国核桃之乡"，其中包括云南、新疆、浙江临安、甘肃陇南市、陕西商洛市、河北涉县、山西汾阳在内的七大名产区。云南成为国内核桃产量最大的省份，核桃加工相关企业的注册量整体呈正增长态势。据统计，截至2022年10月，全国从事核桃储藏加工的企业超过2.25万家，从地区分布来看，云南、山西、陕西位列前三。核桃加工包括初加工和深加工，初加工包括核桃的干制和核桃仁生产，深加工包括核桃油的压榨、核桃蛋白粉的制备、以核桃仁为原料制成的休闲食品、以核桃青皮和核壳等废弃资源为原料的加工产品等。

（一）核桃初加工

在核桃初加工方面，由于我国核桃生产区多分布在山区或丘陵地带，大规模集约化核桃加工基地较少，主要依靠合作社和果农分散初加工，采收多为人工采收，采后脱青皮、干制等技术相对滞后。在部分地区，通过规划先行、目标导向、政策扶持、整体推进，初加工规模和成效初显。如云南省林草局《关于加快推进林草产业高质量发展的意见（征求意见稿）》提出，要打造世界一流的云南深纹核桃品牌，到2025年，全省完成提质增效1000万亩，标准化初加工率达80%以上。产业规划带动云南省产地加工发展迅速，目前云南省已建成初加工生产线近410条，每吨核桃干果可降本增效2000多元。

在一些自然条件较好的地区，除了合作社和果农分散初加工，也出现了大型的初加工企业，如阿克苏裕农果业有限公司建立了常温仓储棚27000平方米，核桃清洗、烘干、分选大棚24396平方米，加工车间5083平方米，冷库4979平方米，公司有6条现代化核桃加工生产线，日处理青皮核桃最高可达3000吨，出品干核桃600吨，每条生产线将去青皮—清洗—烘干—分选打包等关键生产环节有机串联形成完整的机械化流水线，大大节省了每个环节衔接的搬运成本及出错概率，基本做到成品溯源，同时生产效率提高3倍以上。公司年加工核桃5万余吨，产品销往全国各地，使周边农民种的核桃产得出、有销路、有收入，辐射带动当地6000多户农民增收致富。

河北省核桃加工产业依托人才和原料优势快速发展，已经建立起较完整的核桃加工集群，同时发展出一批代表性企业及代表性产业聚集区，成为国内较大的核桃加工省份。在初加工方面，核桃仁加工聚集区主要在石家庄市赞皇县及周边几个县，这一地区是我国北方较早的核桃仁加工出口聚集区。此外，区域有大小核桃仁加工企业200余家，核桃仁加工量占河北省核桃仁加工量的70%左右。此区域在行业内具有影响力的企业，如赞皇县利通商贸有限公司是国内较大的核桃仁加工及存储企业，也是河北养元智汇饮品股份有限公司的核心供应商；又如石家庄市丸京干果食品有限公司，一直从事核桃仁加工出口，并延伸到多味核桃仁加工、核桃油加工、核桃粉加工等。

（二）核桃深加工

近年来，核桃产量增加，价格趋于平稳，精深加工利润空间增大，很多地区把核桃深加工作为重要投资方向和重点扶持领域。如在云南省，《云南省核桃产业高质量发展三年行动方案（2023—2025年）》中提出，云南省要实现核桃油产能10万吨以上。2023年，楚雄州人民政府与光明福瑞投资管理（上海）有限公司合作新建2万吨核桃油、5000吨植物蛋白生产线，年可消耗8万吨核桃果。大理州漾濞县，总投资40.8亿元，建设5000余亩的产业园，集核桃孵化基地加工区、核桃产品产业精深加工区、云南国际漾濞核桃（坚果）交易中心和核桃仓储物流区、科研实训区、行政办公区、核桃文化体验旅游综合等七大功能于一体，产业园已与云南东方红生物科技有限公司等10余家企业签订招商引资协议，加工产品涉及核桃干果、核桃仁、核桃乳、核桃油、核桃工艺品、活性炭等系列产品，全县核桃年加工销售量4万吨左右，初加工产值7亿元，每年解决近1.5万人的劳动力就业。

2023年，新疆提出要高质量建设"八大产业集群"，推进延链、补链、强链，增强特色优势产业发展的接续性和竞争力。在中央政策支持下，核桃深加工产品种类大大丰富，企业数量和规模均成上升态势。如喀什光华现代农业有限公司结合喀什当地核桃资源，主要生产加工核桃油、核桃粉、核桃仁、核桃休闲食品等核桃系列产品和新疆特色干果类产品，项目设计产能为年加工核桃约10000吨、核桃油1000吨、核桃休闲食品2000吨、核桃粉3000吨。

河北省在核桃深加工领域起步较早，形成了核桃深加工产业集群。核桃乳加工聚集区主要在衡水、承德、石家庄，衡水的河北养元智汇饮品股份有限公司是国内最大的核桃乳生产企业之一，同时也是国内最大的核桃仁需求客户之

一,它的定价直接影响国内的核桃及核桃仁的每年价格走势,而承德露露股份
公司生产的核桃乳,在国内也占有不小的市场份额。核桃油加工聚集区及代表
企业,主要集中在邯郸的涉县、邢台的临城、石家庄的赞皇。

二、核桃加工主要产品

核桃产业种植、加工环节受产能快速提升对食品消费行业的冲击影响,整
体产业利润水平持续收缩。重点企业有以干果及枣夹核桃等产品为主的新疆
果业集团、好想你健康食品股份有限公司、洽洽食品股份有限公司、喀什疆果
果农业科技有限公司,以烘烤核桃为主的河北绿岭果业有限公司等。

(一)核桃坚果产品

1. 核桃坚果质量等级

核桃坚果是核桃作为商品的主要形态,原果分级分选前通货单价为10000
元/吨,通过分级分选后综合单价为12060元/吨,综合效益提升2060元/吨。我
国核桃坚果出口率持续增长,而进口率则趋于下降,这与我国核桃初加工阶段
核桃坚果品质提升,以及"一带一路"建设的外部环境直接相关。核桃坚果根
据其外观和物理指标分为四个等级,参考标准为《核桃坚果质量等级》(GB/T
20398-2021),如表1-2所示。

表1-2　核桃坚果分级

项目		特级	I级	II级	III级	检测方法
感官指标	外观	坚果充分成熟,壳面洁净,缝合线紧密,无露仁、虫蛀、出油、霉变等,无杂质;果实大小均匀	坚果充分成熟,壳面洁净,缝合线紧密,无露仁、虫蛀、出油、霉变等,无杂质;果实大小基本一致		坚果充分成熟,壳面洁净,缝合线紧密,无露仁、虫蛀、出油、霉变等,果实无杂质	视觉、嗅觉测定法

	项目	特级	I级	II级	III级	检测方法
物理指标	均匀度（%）	≥98.0	≥95.0	≥90.0	≥85.0	GB/T 20398–2021
	横径（毫米）	≥36.0	≥36.0	≥34.0	≥30.0	GB/T 20398–2021
	纵径（毫米）	≥40.0	≥40.0	≥38.0	≥36.0	GB/T 20398–2021
	侧径（毫米）	≥34.0	≥34.0	≥32.0	≥30.0	GB/T 20398–2021
	壳厚（毫米）	≤1.0	≤1.2	≤1.5	≤2.0	GB/T 20398–2021
	平均果重（克）	≥20.0	≥18.0	≥15.0	≥12.0	GB/T 20398–2021
	平均仁重（克）	≥8.5	≥8.0	≥7.0	≥6.0	GB/T 20398–2021
	出仁率（%）	≥55.0	≥51.0	≥46.0	≥43.0	GB/T 20398–2021
	空壳果率（%）	≤1.0	≤2.0	≤3.0	≤4.0	GB/T 20398–2021
	破损果率（%）	≤1.0	≤2.0	≤3.0	≤4.0	GB/T 20398–2021
	黑斑果率（%）	≤0.1	≤0.1	≤0.2	≤0.3	GB/T 20398–2021

2. 核桃风味坚果产品

核桃坚果产品主要有炒核桃和烤核桃等风味坚果，核桃风味坚果产品比生核桃更加多样化，比较受市场欢迎，有较好的发展前景。

（1）炒核桃

炒核桃在北方的天津地区、南方的广东地区较受欢迎，炒核桃以带壳核桃辅以不同调料同炒，通过火候调整、翻炒直至锅内蒸汽逐渐变少至消失，晾凉即得成品。炒核桃因其独特的风味和口感受到消费者欢迎。原料主要是易出整仁的核桃品种，近几年新疆温185核桃因缝合线较松，易裂口等特点，被广泛用于炒制坚果，将温185的易裂口劣势变为了优势。目前市场常见的炒核桃产品及价格如表1–3所示。

表1-3 市场炒核桃产品及价格

产品名称	产品价格
薄皮纸皮椒盐核桃	12.90元/500克
喜多仁185阿克苏纸皮核桃炒核桃	10.54元/500克
思宏手剥烤核桃	12.56元/500克
新疆阿克苏手剥烤核桃	9.96元/500克
鸿乡缘手剥烤核桃	16元/500克
新货友益佳手剥烤核桃	11.99元/500克
薄皮新疆纸皮烤熟核桃	9.16元/500克

（2）烤核桃

烤核桃是将核桃剥去外壳后，在烤箱中在一定温度下烘烤制得。烤核桃产品种类较多，是目前市场上烤货干果中的重要产品，因其口味比生核桃丰富而受到消费者青睐。烤核桃利润较核桃干果提升了50%~300%，占坚果初加工的80%以上。

（二）原味核桃仁

原味核桃仁是指核桃坚果脱壳后，未经进一步加工的核桃仁。数据显示，2022年核桃及核桃产品出口中未去壳核桃（干核桃）8.42万吨，出口量较2021年下降19.3%，占比64.3%；去壳核桃（核桃仁）出口4.45万吨，较2021年下降10.9%，占比34.0%；核桃仁罐头出口量仅为2355吨，占比1.7%，较2021年出口呈现增长趋势。核桃及核桃产品出口呈现下降趋势，核桃仁出口呈现持续增长趋势。

2022年核桃及核桃产品的出口国家中，出口阿联酋数量最大，达到4.2万吨，占总出口的32.29%。其次是吉尔吉斯斯坦，占比19.58%。中亚、中东及俄罗斯是我国核桃及核桃产品的主要出口目的地。核桃产品的出口地区中，新疆的产量最大，出口达到4.3万吨，占比33.59%；其次是山东占比25.11%；而云南核桃产量虽然大，但出口量较小，主要与国内核桃出口目的地有关。相比出口，我国核桃产品的进口量呈现逐年下降趋势，干核桃进口量从2010—2013年平均

1.5万吨持续回落，2022年进口量仅为4245吨，核桃仁进口量也从2014年最高的7230吨持续回落，2022年进口量不足200吨。核桃仁进口量锐减，出口量提升，充分说明了国内企业已普遍接受国内加工核桃仁产品，同时国内核桃仁产品也受到国际市场的普遍认可。

（三）核桃油

核桃油中含有丰富的不饱和脂肪酸，油酸、亚油酸和亚麻酸含量可达90%以上。其中亚油酸的含量最高，通常占油脂的60%~70%，亚油酸在人体内可代谢生成花生四烯酸（ARA），ARA除了能转变为调节生理功能的各种前列腺素外，还具有保护胃黏膜、治疗皮肤干癣症、预防脂肪肝、杀死癌细胞等作用。核桃油还富含人体必需脂肪酸——亚麻酸，它在人体内可代谢生产二十碳五烯酸（EPA）和二十二碳六烯酸（DHA，俗称"脑黄金"），EPA具有降低血脂和血小板凝固的作用，能预防脑血栓、心肌梗死等疾病；DHA具有促进神经系统发育、提高学习记忆力、预防阿尔茨海默病和癌症等作用。除此，核桃油中还含有丰富的生育酚、植物甾醇、黄酮等天然的抗氧化剂，能有效清除人体内自由基，从而起到抗衰老的作用。研究表明，核桃油能降低血液中对人体有害的胆固醇和甘油三酯水平，在控制人体血脂浓度、预防心血管疾病、改善内分泌等方面都起着关键的作用。

从发展态势看，近年针对孕婴特殊人群的低温压榨核桃油小包装产品销量增长明显，主要得益于新生代消费者对于科学育儿的需求和婴幼儿食物品质的追求，而这种趋势在未来仍将持续增加。此外，市场也出现如核桃油药物制剂及保健品、核桃油化妆品、按摩油等新兴产品，新兴产品的出现也将带动核桃油市场出现一定增长。

（四）核桃蛋白粉

核桃除了直接食用还能加工成各种产品，初加工产品为核桃仁及带壳核桃，深加工产品主要有核桃油、核桃蛋白粉等。市面所售的核桃蛋白粉的组成成分大部分为核桃仁、大豆、大豆分离蛋白、花生、碳酸钙和麦芽糊精等。核桃蛋白粉中核桃仁的含量不定，最少添加量为2.4%、最高为45%，价格

4.27~11.23元/100克。市面上核桃蛋白粉的品牌众多，但大多是与其他谷物的复合蛋白粉，单一组成、纯度较高的核桃蛋白粉在健康食品领域有较大发展空间。

（五）核桃青皮副产物

核桃青皮又称青龙衣，主要组成成分包括萘醌类、萜类化合物、多酚类等。结合市场需要，对核桃青皮进行产业化综合深加工，可将巨大的资源优势转化为经济优势。新疆宝隆化工新材料有限公司，在叶城县核桃种植户以每公斤1元的价格收购核桃青皮7000吨，制成单宁酸，将核桃青皮变废为宝，带动核桃种植户卖青皮。不仅如此，公司还解决了叶城县柯克亚乡、依提木孔乡等周边乡村的230人就业。在应用开发方面，对核桃青皮的加工利用还有很多工作要做。

三、核桃加工设备与技术

（一）核桃仁及仁类产品

核桃破壳、壳仁分离的设备有6HT—200型、6HT—600型、6HT—3000型核桃破壳，壳仁分离加工成套设备，该设备主要由破壳系统、分级系统、壳仁分离系统组成，可实现核桃破壳，核桃仁和核桃壳大小分级，核桃仁、核桃壳和核桃隔膜的分离。设备操作方便，可根据核桃大小、品种的不同进行适当的调节，以达到最佳的加工效果。分过级的原果核桃，经提升机进入破壳机，破壳后落入振动筛，由振动筛将破壳后的核桃按大小分为二分之一、四分之一、八分之一、十六分之一四个等级，再经壳仁分离系统，将核桃壳和仁完全分开，由出仁口和出壳口各自排出。该成套设备生产率高，非常适合中小型企业使用。

（二）核桃油加工设备与技术

目前，工业生产中使用的油脂制取工艺主要是压榨法，压榨法是利用机械压榨原理将物料中的油脂挤出，常用的有螺旋榨油机和液压榨油机。根据物料压榨前是否进行热处理分为低温压榨和热榨两种类型。低温压榨法在低于65℃的环境下进行，物料不加炒焙，营养成分保存完整，色泽良好，但气味较差。热榨法是将物料炒焙后榨取油料，气味浓香，颜色较深，产量较高，存留残渣较少，但营养成分损失较大。两种压榨法均无溶剂残留，出油率可达70%~80%，但存在榨后饼中残油率高、蛋白质易变性、劳动强度大、成本偏高等缺点，而此法设备简单，操作方便，尤其适于小规模生产。由于低温压榨法出油率比热榨法低，且营养物质保存良好，因此低温压榨油的价格一般比热榨油高50%左右。目前，洛阳某企业研制的新型全连续卧式液压榨油机，结合国外可可豆压榨机特点，采用端面出油及PLC全自动控制系统，可实现核桃连续进出料，出油率可达85%以上，同时该设备属于低温压榨工艺，核桃蛋白变性风险小，对核桃后续精深加工起到有力保障。液压榨油机连续化生产设备在云南、新疆等地的核桃油企业正在安装调试，即将投产。

核桃油水代生态制取新技术、新装备是由云南省林业和草原科学院与云南云上普瑞紫衣核桃产业开发有限责任公司联合研发而成，2022年11月19日通过成果鉴定。该技术具有以下特点：①研制出新型水代提油装备包括磨浆、搅拌和油渣分离等核心装置，与传统制油装备比设备简单、操作方便，无须传统水代法中的离心分离、精炼等环节。②创新了水代提油新工艺，核桃仁研磨后搅拌、加水即能达到抽取核桃油的目的，工艺简单快捷，较之传统工艺，新工艺提油效率高，30~45分钟可实现一次性提油效率达90%以上。③油品质量好，提取的核桃油无须精炼即可达国家标准，活性成分得到充分保留，货架期可超过18个月。④饼粕利用价值高，新工艺采用核桃仁为原料在低温下提油，饼粕蛋白不变性，可直接作为核桃粉、速溶蛋白粉、蛋白肽等高附加值利用的原料。目前，该新技术、新装备已在云南、新疆等地推广应用。2023年9月27日，云南省"水代法"生态制取核桃油技术转化推介会在楚雄彝族自治州大姚县举行，大姚广益发展有限公司年产2000吨"水代法"核桃油生产线启动投产，生产线可实现加工核桃仁1600公斤/小时，生产核桃油800公斤/小时，日均核桃油产能达5吨以上。

（三）核桃蛋白产品加工设备与技术

1. 碱溶酸沉法

碱溶酸沉法是目前提取植物蛋白最常用的方法，也同样适用于提取核桃蛋白，当工艺条件为料液比1∶20、碱溶pH值为11.0、搅拌2小时、酸沉pH值为4.5时，制备的核桃分离蛋白中蛋白质含量达90.5%，蛋白回收率为43.15%。但因核桃蛋白以谷蛋白为主，提取核桃蛋白时所选取的pH值较高，需添加大量的碱液，易造成环境污染。目前生产中用碱溶酸沉法制备高蛋白含量核桃蛋白企业较少。

2. 乙醇浸提法

乙醇浸提法是利用乙醇脱除核桃粕中醇溶性蛋白、呈色物质、呈味物质等成分，再将其干燥即可得到核桃浓缩蛋白。研究发现当乙醇浓度为60%、料液比为1∶10、温度为55℃提取70分钟时，核桃浓缩蛋白提取率可达84.07%，蛋白含量为69.24%±0.15%，此法在生产中的应用前景较好。

（四）核桃青皮副产物加工设备与技术

核桃青皮可被用来提取植物源核桃青皮色素。核桃青皮为原料，用碱液提取天然食用色素，该色素在不同pH值下呈现不同颜色，性质基本稳定，可在不同酸度食品和不同颜色需要的情况下使用。以核桃青皮为原料提取天然食用色素原料来源丰富、生产工艺简单、成本低，产品色素附着力强且安全无毒，在食品工业中有很好的开发应用价值。提取核桃色素的技术方法主要包括溶剂萃取法、超声波萃取法、超临界流体萃取法、微波辅助提取法、酶提取法等，但目前核桃色素类产品在市场上尚不多见。

第四节　核桃从业人员情况

一、核桃种植业从业者概况

（一）种植业从业者规模

我国20多个省（区、市）有核桃分布，其中云贵地区、西北地区、华北地区作为主要产区，核桃种植规模大，资源丰富，这些地区的核桃种植业从业人员数量相对较多。核桃种植业从业者涉及人群类别较宽泛，数量也比较庞大，包含从管理到一线生产的各类工作人员，如种植、养护、收获等不同环节的人员。云南省129个县（市、区）中，116个县（市、区）形成核桃规模种植，占全省总县数的90%，区域覆盖将近2000万个核桃产业相关从业人员。以云南省漾濞县为例，漾濞县核桃栽培范围涉及全县9个乡镇65个村，种植核桃农户23465户，占全县农户数的94.5%；农民人均拥有核桃100余株，人均拥有核桃10亩以上，人均拥有核桃树100余株，人均核桃收入约6000元，占农村居民人均可支配收入的60%；农村常住居民人均可支配收入9937元，70%农户依靠核桃产业脱贫致富。

新疆有49个县（市、区）栽培核桃，其中温宿、库车、沙雅、新和、乌什、阿瓦提、泽普、叶城、莎车、巴楚、麦盖提、和田、墨玉、洛浦、策勒、于田等16个县（市、区）面积超过10万亩，830余万人以核桃生产、种植为主要经济来源，核桃产业发展较早的温宿县、叶城县等区域，核桃收入已占农民纯收入40%以上。重庆城口县是中国核桃之乡，核桃产业为农民增收致富发挥了重要作用，40多万亩核桃树撑起10亿元以上年产值，为农户铺就了"靠山栽树、靠树致富"的增收之路。目前，城口县核桃产业已覆盖22个乡镇街道80个行政村，2万多户农户通过种核桃、卖核桃实现增收致富，农户户均增收3000元以上。另外，随着我国部分地区新种核桃陆续进入丰产期，未来几年国内核桃产量预计将持续上升，这意味着核桃种植业可能会需要更多的从业人员来满足生产的需要。

(二)种植业从业者结构

核桃种植是核桃产业链的上游环节,包括种苗、施肥、施药、收获等步骤,这一环节的从业人员主要包括种植户、农资供应商(如种苗供应商、化肥和农药供应商)等。此外,还有一些与核桃种植业相关但不直接参与生产的机构和团体,如农业科研机构、政府部门、行业协会等。一般来说,核桃种植业从业者的结构包括农场主或种植园主、农业工人、技术人员、管理人员等。

(三)从业人员面临的问题

目前,我国核桃生产仍以零星分散的个体经营为主,技术水平仍有待提高,管理相对粗放。如在陕西商洛市等地,核桃种植从业人员面临的主要问题,一是种植散户的老龄化情况严重,由于农村人口流失情况较为严重,青壮年外出务工居多,核桃种植区劳动力以中老年人为主;二是种植户的专业素质有待提高,多数种植户学历水平较低,且缺乏科学技术指导和规范的管理制度,严重制约核桃产业的发展。多地存在类似问题,在山西汾阳市、河北涞水县、甘肃成县等核桃种植区,核桃种植农户也同样面临生产技术相对滞后,农户与农户之间缺乏交流合作,以及劳动力严重失衡、专业人才紧缺等重要问题。

针对以上问题,国家实施政策扶持,相关部门应积极了解核桃种植从业人员对培训的需求,组织技术人员开展种植指导;培植核桃专业合作组织,方便农户们交流生产经验,加强农民合作组织的技术指导和社会化服务工作。大力探索发展"公司+基地+农户"模式及种植协会、农户合作社、股份合作制企业等核桃生产基本单位或组织,使从业者之间建立信任、诚实和开放的合作关系,以获得整体利益的最大化。

二、核桃加工业从业者概况

(一)核桃加工业从业者规模

根据不完全统计,截至2022年10月19日,中国核桃加工相关企业数量约为

2万家，从地区分布来看，云南、山西、陕西位列前三。由于核桃加工企业的类型多、规模大，相关从业人员规模庞大，这在一定程度上创造了就业机会，增加了从业者收入。如在云南省漾濞县，全县有核桃加工企业和个体加工户500余家，其中省级以上农业产业化龙头企业11家，每年解决近1.5万人的劳动力就业。

在我国新疆南疆的喀什地区，2022年，全地区核桃加工企业达到69家、合作社122家，其中，叶城县共计有14家核桃初深加工企业（其中，农业产业化国家重点龙头企业2家，省级龙头企业2家），44个核桃卫星工厂，给当地提供了大量就业岗位。泽普县构建了"公司+合作社+农户"的模式，开展核桃全产业链、供应链的平台建设，目前全县共有核桃等林果加工销售经营主体77家，其中加工企业28家、合作社49家，年加工核桃5万余吨，吸纳了大量核桃加工从业者。

（二）核桃加工业从业者结构

一般来说，核桃加工业的从业者分工包括产品研发、生产管理、质量控制、设备维护等方面。由于核桃加工涉及核桃品牌的打造、标准化初加工率的提高以及深加工利用率的提升，因此，核桃加工企业的人员多为具有农业、林业、食品科学、化学工程等相关专业的知识和技能的高学历人员。

核桃加工业从业者主要包括管理人员、技术人员、生产工人、质量控制人员、采购人员、物流人员、行政人员等不同角色类型，涉及多个部门和岗位，每个岗位都有其特定的职责和要求。随着核桃加工业的发展，这个结构可能会不断调整和优化。

（三）核桃加工业对专业人员的要求

在一些注重研发的企业，从业者人员呈现多元化和专业化。这部分从业者需要具备食品科学与工程技术的知识，要有深厚的农业基础知识，了解核桃的生长习性和种植技术，还需要具备机械制造和自动化技术的知识。

（四）农民劳动力在核桃加工业中的作用

除了相关专业人员，核桃加工企业需要大量的劳动力来进行核桃的采摘、去青皮、清洗、烘干、筛选、分级、破壳、取仁等初加工以及包装工作,这为当地农民提供了大量直接的就业岗位。还以云南省漾濞县为例,核桃加工业产生的就业机会,让农民可以在家门口找到工作,既节省了交通成本,又能照顾家庭,获得稳定的工资收入,提高生活水平,并通过延伸核桃产业链让贫困户进一步增加收入。核桃加工厂将简单的初级加工任务外包给周边村落的村民,催生了家庭式核桃加工作坊,家庭式生产者应运而生,他们工作时间自由,通过劳动获得收入报酬,也吸引了众多农民的加入。

三、核桃三产领域从业者概况

(一)从业者规模和结构

国家统计局发布的第四次全国经济普查报告显示,2018年末第三产业法人单位从业人数为21067.7万人,占全部单位从业人员的55%。随着核桃产业的蓬勃发展,在第三产业领域从业人员占比更多,人员结构更加多样化,主要包括分销商、零售商、服务商、研究人员和政策制定者、行业协会和组织等。

(二)从业者在核桃产业发展中的作用

三产领域从业者在乡村振兴的利好政策下,在核桃产业中可以更好地发挥引领、助推作用,在田园综合体建设、文旅服务业中不断发力,促进一二三产融合发展,利用网络电商平台,扩大销售市场和途径,不断促进核桃产业转型升级。

(三)从业者为行业发展注入活力

1. 带动相关行业发展,促进就业创业风潮

作为核桃三产领域从业者的电商,其发展激发了核桃加工、仓储、包装与物流等行业的需求,催生了与电商服务业共生的新配套产业集群。核桃消费的新业态带动大批农村劳动力在本地就业,大批农村年轻劳动力返乡就业创业,相关统计显示,75%的农村零售网店店主是20~29岁青年,他们以销售本地生产的消费品为主营业务。按照农业农村部2022年公布的数据,全国返乡入乡创业创新人员达到1100万人,产业发展动能更加强劲。

2.人员规模日益扩大，推动核桃产业链更完整

随着核桃三产领域从业者人数的增加和规模的扩大，核桃产业链日益完善，一二三产融合模式得到更快发展。以云南漾濞县为例，漾濞县依托核桃产业人才，创新开展"联人、联企、联创"的"三联"人才培养机制，针对人才素质、就业医院等，开展点对点、一对一的精准就业创业指导和岗位推送。近三年，共指导扶持核桃种植专业户2000余户；指导推荐并从事核桃管护3000余人，从事核桃精深加工3000余人，从事核桃文旅产业2000余人，指导并扶持创办相关企业60余户。截至目前，全县与核桃相关的从业人员规模达4万余人，其中就地就近从事核桃产业劳务人员3万余人。

第五节　核桃营销情况

一、核桃产品商品化水平

目前，我国核桃产业以销售核桃干果、核桃仁为主，核桃鲜青皮果因保质期问题存在局限性，核桃产业链缺乏有效延伸，核桃产品多处于初级加工的农副食品阶段，高端的营养食品、功能食品等现代农业的商品化水平较低。反之，这也说明核桃产品商品化发展的空间和潜力巨大。核桃产品商品化是拉动核桃产业发展的重要引擎，可以促进农业现代化、农民增收和农村经济发展。

核桃是我国重要干果之一，除了直接食用还能加工成各种产品。初加工产品为带壳核桃及核桃仁，深加工产品主要有核桃乳饮料、核桃油、核桃养生休闲食品、核桃粉以及其他核桃副产物产品等。核桃仁是核桃类坚果的主要食用部分，其营养成分的组成及有效利用是目前人们关注的热点。相关数据显示，中国年均核桃仁消费量约39万吨，位列全球第一。据统计，2022年我国核桃需求量约582.05万吨，同比增长9.76%。由于核桃具有丰富的营养价值和药用价值，深受大众喜爱，近年来不同口味的核桃果仁和带壳核桃零食的销售也有所增加，市场需求整体呈正增长态势。

我国核桃的加工模式主要为初加工和精深加工两种,初加工包括大宗核桃果、仁和小包装核桃果、仁以及枣夹核桃、烤核桃、蜂蜜核桃等休闲食品,精深加工包括核桃乳、压榨核桃油、核桃蛋白粉、肽(抗冻肽),以及以核桃青皮、壳等为原料加工的日化用品等。我国核桃精深加工行业市场规模380亿~400亿元,精深加工量约为200万吨。

全国核桃产量规模不断上涨,但核桃精深加工量约为三分之一,产业链短,以初加工为主,深加工企业较少,加工企业普遍小、弱、散、乱,尚未形成聚集效益使产业形成较大的拉动作用,产品种类少、单一,竞争力和抗风险能力弱,品牌影响力低。云南核桃加工企业约占全国加工企业的四分之一,云南摩尔农庄生物科技开发有限公司是全国为数不多的形成核桃全产业链发展的科技企业。

我国核桃的流通是从产区向经济发达的地区流通,从西部地区流向沿海经济发达地区。主要产区为云南、新疆、四川、陕西等省(区、市)。核桃收获后一般会通过核桃收购商集散于当地的批发市场。云南核桃集散地主要是楚雄、昌宁、临沧、大理和昆明。新疆核桃集散地主要是阿克苏、喀什、和田、乌鲁木齐。全国产地核桃主销区集散地集中在北京、沧州、长三角、山东、重庆、珠三角。核桃产地一级集散主要通过批发市场,流向销区二、三级批发市场,商超、加工厂、零售商,等等。此外还有"产地+商超""产地+工厂""工厂+工厂""工厂+商超""工厂+电商"等渠道流通。电商平台近年来发展比较快,市场份额主要集中在经济发达的城市和地区,产品以休闲食品为主,大城市以商超和菜市场类型的摊贩销售为主,中小城镇及农村以中小商店、摊贩、部分商超为主。

二、核桃销售模式和消费市场

(一)核桃传统销售模式

上游——核桃种植。核桃种植农户将核桃采收后卖给中间商,中间商又销售给核桃加工企业,不同核桃的种植成本以及收购价格不同,因此种植端利润相差较大且利润较低，影响农户种植的积极性。

中游——中间商收购、集散市场、加工等。核桃采收后一般会通过核桃中间商收购，集散于当地的批发市场进行贸易，一部分进入加工企业进行深加工，深加工的企业以核桃乳和核桃油为主。河北养元是我国最大的核桃乳生产企业，从披露的2022公司年报显示，其核桃乳的产品毛利率为45.79%。

下游——商超、便利店、电商等。核桃农产品或通过精深加工的产品分销进入商超、便利店、农贸市场等终端市场。

（二）核桃新型销售模式

核桃为特色非木质林产品，随着核桃产量的不断增加，销售市场竞争日趋激烈，在传统销售模式下，中间环节多、交易成本高、市场半径小，对核桃保持产品市场价格从而获得稳定收益带来挑战。随着信息技术不断更新迭代，传统农产品电子商务进入了快速发展轨道。电子商务销售模式降低了商家的进入门槛，减少了销售中间环节、降低了交易成本、扩大了市场销售半径，从而增加了市场需求、增加了收益，带来了核桃的消费拓展和产业升级。

1. 新型销售途径

目前，在互联网背景下，核桃经销商主要有以下三类推广策略。第一类，直播带货。直播带货带给消费者更加直观、更具互动的消费体验，对消费者而言简单易学，可以快速普。核桃经营商借助直播平台，实现与观众即时互动、交流，全方位介绍产品细节，利用语言话术、场景氛围、情感等多重综合因素感染消费者完成购买行为，促使商家提增销量。第二类，短视频营销。核桃经营者用视频的形式实现内容创造和信息流传播，以达到向用户营销商品与传播品牌价值的目的。首先，核桃经营者可以自由创作视频内容，影音画同步，并对优质的内容进行运营，使视频获得更高的热度，并保持"粉丝"的热情和关注度。比如，"数一数二的小店"是抖音上核桃直播带货的知名商家，其通过视频互动，直播带货，已稳定拥有1.1万个"粉丝"，在核桃营销方面发挥了重要作用。其次，与第三方合作推广，第三方合作主要是和"网红"明星或短视频平台官方合作，第三方合作机构实现产品信息的精准投放和精准匹配。最后，核桃经营商在平台经济发展中往往与其他账号主体实现矩阵式发展，吸引更多的流量，降低运营风险，实现视频内容多元化，让账号与账号之间打通，进行互推导流，实现多平台的展现，提升"粉丝"数量，增强账号价值，为后期的变现做好准备。

第三类，社交营销。微信是大众使用得最多的社交工具，微信营销是互联网环境不断变化下一种人们非常熟悉的新媒体营销方式，人们可以利用微信进行日常生活分享、工作交流、社交互动、浏览新闻信息等。微信营销具有精准投放度高、用户参与性强、人际关系紧密、形式多样等特点，核桃经营商可以通过微信公众号营销、微信群营销、小程序营销、朋友圈营销等方式对自己的产品进行推广。

2. 核桃电商销售情况

近年来，线上不同口味的核桃果仁和带壳核桃休闲食品的销售也有所增加，新品牌在线上新平台蓬勃发展，市场需求整体呈正增长态势。根据2021年淘宝天猫的销售数据显示，核桃油销售额3.7亿元，同比增长195.4%。其中，发展较为出色的是爷爷的农场，销售额1.4亿元，同比增长563%；碧欧奇销售额6604万元，同比增长2577%；秋田满满销售额3135万元，同比增长242%；窝小芽销售额1140万元，同比增长586%；英氏销售额985万元。区别于传统电商，全国接近10万名抖音主播、视频创作者成功为国产核桃产品带货，带货产品为山核桃、核桃油、核桃仁、纸皮/薄皮核桃等。经过抖音主播带货，新的核桃品牌蓬勃发展，电商数据搜索工具"弦镜"数据显示，草本味和蜜之番在2022年12月成为抖音纸皮/薄皮核桃销售额的冠、亚军，销售额分别达到429.64万元、219.60万元。

3. 新型销售途径对产品质量影响

随着互联网时代的发展，新型销售途径日益丰富，平台经济使核桃销售形成了新格局，信息化平台的建设为核桃经营者提供了更广阔的舞台。但是由于核桃种植端、加工环节的标准难以统一，给新型销售途径中产品品控增加了难度。如何统一标准，规范管理平台经济显得极其重要。一方面，核桃产业要适应新消费形式的发展，从核桃产业企业结构优化，加强企业标准化管理，提升产品质量，优化设备条件，实现绿色生产，从而获得长期可持续发展；另一方面，新消费形式下的平台要严格审查产品品质，保障新消费平台的产品质量，从根本上保证核桃产品的规范性，大力推进核桃新消费形式发展，持续提高产品竞争力。

（三）核桃消费市场

2014年以来，我国多个省（区、市）均将核桃作为山区乡村振兴的重要推广树种，核桃种植面积和产量增加迅速，市场供应量也在逐步增加，市场行情开始走弱。随着国内电商的快速发展，核桃作为坚果产品在电商领域消费量也迅速增加，为了吸引消费者并争夺市场份额，休闲食品类电商企业普遍下调核桃产品价格，核桃市场价格从2016年的38～40元/公斤下跌至2023年末的8～12元/公斤。

我国核桃产量近几年呈现快速增长趋势，2022年核桃产量已达593.46万吨，60%以上的核桃用于初加工，大部分用于制作核桃坚果零食在线下批发市场、超市和线上电商销售，还有一部分用于深加工，主要加工产品有核桃乳、核桃蛋白以及核桃油等，核桃油的消费量为3万～5万吨，核桃乳消费量已达到130万吨左右。

随着国内核桃产量、居民消费收入的逐步增加，以及居民对健康认知的加深，国内对核桃的需求量正不断增加。根据布瑞克咨询测算，目前，我国核桃的表观消费需求量已经达到600万吨左右，对核桃深加工产品如核桃乳、核桃油等需求量仍在增加。一、二线城市人口相对密集，居民的人均收入较高，对核桃及核桃附属产品有较强的购买能力和购买欲望。

核桃市场消费规模主要集中在长三角、京津冀以及华中等地区。华东地区依托山东半岛、长三角经济带动，经济发展走在全国前列，是全国最大的核桃消费区域。这一区域流通的核桃产地来源占比分别为新疆35%，云南50%～55%，山东、浙江和陕西山西核桃占比在5%～10%。华北地区有京津冀经济带动，发展迅速，该地区是核桃人均消费量最高的区域，该地区年人均消费量远远高于全国平均水平，这一区域流通的核桃产地来源占比分别为新疆

65%、云南30%、山西1%~2%，进口核桃0.5%~2%。华中地区核桃是全国第三大核桃消费区域，以河南消费为首，其次是湖南、湖北，华中地区人均消费量低于全国平均水平，这一区域流通的核桃产地来源占比分别为新疆45%，云南40%，河南、湖北核桃占比5%左右，山西、陕西及其他地区在5%左右。

三、核桃产品品牌建设

近年来，核桃加工和零售环节出现一批典型代表企业。例如，主要核桃制品中以核桃粉为主的品牌有五谷磨坊（五谷）、艺福堂等；以核桃仁为主的品牌有天虹牌、镇臻美味等；以核桃油为主的品牌有黛尼（DalySol）、帝麦、贵太太、罗朗德、摩尔农庄、融氏、爷爷的农场、悦君心等；以核桃乳为主的品牌有六个核桃、摩尔农庄、承德露露等。休闲食品零售品牌有三只松鼠、良品铺子、百草味、好想你等，这些企业主要核桃制品有核桃干果、核桃仁、核桃枣等，其中上市企业有三只松鼠、百草味、良品铺子、伊利股份、养元饮品、洽洽食品、承德露露、西域美农、金果园老农等。

核桃油可开发成糕点专用油、粉末核桃油（替代咖啡植脂末，全国速溶咖啡中植脂末的年消费量在180万吨左右）、冰激凌专用油等专用油脂。核桃油销售渠道除常见的高端商超，以沃尔玛、山姆会员店为例，摩尔农庄出品的核桃油供应山姆渠道以年60%的增长率迅速增长，特通团购渠道也是核桃油销售的另一优势渠道，如摩尔农庄有机核桃油仅在中秋档期，上汽大众等单位员工福利团购单次采购量金额可达1000万元以上。

近年来，植物蛋白饮料异军突起，成为饮料行业增长最快的子行业，市场规模已超千亿元。河北养元是中国核桃乳行业的领军企业，产销规模稳居行业前列。河北养元2018年在上海证券交易所挂牌交易，成功登陆A股资本市场，极大地发掘了市场潜能，旗下领军品牌六个核桃销售额过100亿元。核桃蛋白饮料以益智、健脑、改善记忆功效为支撑，产品市场认可度和销量持续增长。近年来，众多快消品厂家先后进入核桃乳饮品领域，对消费者的综合影响不断提高，核桃蛋白饮品行业的整体市场规模和消费规模进入持续发展阶段。

2020年，消费者对产品的需求导向发生了变化，"天然、健康、保健"属性更加受到青睐，同时"消费升级、消费分层"趋势方向不变，整体饮料行业的发展对产品细分性创新和品质化升级提出了更高要求。云南摩尔农庄走差异化路线，主打以"聪滋牌核桃牛磺酸乳酸锌饮料"为代表的高端植物蛋白饮品，该产品具有改善记忆力的功能，是国内唯一一款通过航天级标准食品认证的保健食品。2023年摩尔农庄推出核桃乳新品——核桃厚乳，采用新技术、新工艺，使核桃蛋白含量较普通的核桃乳增加了一倍以上，每250毫升浓缩蛋白达3.0克以上（普通核桃乳核桃蛋白含量0.55克/100毫升），零碳水化合物、零糖、零香精、零防腐剂，天然健康，香味浓郁、口感醇厚，是天然的咖啡及奶茶伴侣。研究表明，核桃蛋白具有分子量小、链短，易于人体吸收且氨基酸全面的特点，相较动物蛋白，核桃蛋白中的精氨酸具有较高的生物利用度，是开发"植物奶"及蛋白粉的最佳原料之一。"植物奶"营养功效独特、产品安全性突出，作为动物奶的替代或补充，市场开发潜力巨大。

因此，要加快形成核桃产区区域品牌、公共品牌、企业品牌和产品品牌建设，塑造核桃产品品牌形象，逐步建立稳定的消费群体、形成稳定的市场份额。如云南省可大力推进全省统一的"云南深纹核桃"区域品牌申报认证。全省统一制定区域公共品牌的授权使用、监管保护和推广宣传实施办法。加强"漾濞泡核桃""大姚三台核桃""鲁甸大麻核桃""昌宁细香核桃"等地理标志产品保护的使用监管和宣传推广，挖掘云南核桃文化价值，讲好云南核桃故事，提升云南深纹核桃的影响力、知名度和美誉度。

四、核桃进出口贸易情况

核桃是全球著名的四大坚果之一，分布和栽培遍及全球六大洲的50多个国家和地区。从全球范围看，核桃种植面积、产量相对较多的国家/地区为中国、美国、土耳其、墨西哥、伊朗、智利、法国等。多年来，中国和美国一直是全球核桃主要的生产国，在国际核桃产业中占据主导地位。全球核桃贸易产品主要有带壳核桃和核桃仁两类，两类核桃产品的贸易参与国以美国、智利、墨西哥、土耳其、德国、中国、意大利为主。据联合国粮食及农业组织（FAO）统计，2020年全球带壳核桃进口总量为37.25万吨，出口总量为41.16万吨，平均出口单价为2.8美元/公斤；核桃仁的进口总量为27.23万吨，出口总量为33.58万吨，平均出口单价为6.8美元/公斤。我国核桃进口量一般维持在4000～5000吨。因此，我国核桃贸易以出口为主，2022年我国核桃产品出口量接近13万吨，其中出口未去壳核桃（干核桃）8.42万吨，占比64.3%；去壳核桃（核桃仁）出口4.45万吨，占比34.0%；核桃仁罐头出口量仅为2355吨，占比1.7%。自2018年以来，我国未去壳核桃（干核桃）出口量大幅上涨。

第二章

核桃产业发展外部环境

第一节　引　言

2023年对全球核桃产业而言，是充满挑战与机遇并存的一年。政府政策和国际合作为核桃产业在促进技术创新、扩大市场需求、提高产业竞争力方面提供了有力的支持和平台。在育种方法、种植技术、病虫害管理方面的创新，提高了核桃产业的生产效率和产品品质，同时减少了对环境的影响，推动了产业的可持续发展。市场需求的变化，如对高品质核桃产品的需求增加，促使产业不断创新以适应消费者的偏好。

核桃产业的发展在外部环境中存在各种制约因素，主要包括国际环境、政策与法规、气候变化、经济环境、科技投入不足和社会消费习惯变化等。全球贸易政策的变化，如关税调整和贸易壁垒的设立，会影响核桃的进出口市场和国际竞争力。国家和地方政策的变化，特别是农业、贸易和环保相关的法规，可能会影响核桃产业的运营成本和市场准入。全球气候变化导致的极端天气事件频发，如干旱和洪水，会影响核桃的生产和品质。全球经济波动也会对核桃的需求和价格产生影响，如经济衰退期间可能导致消费者购买力下降。此外，研发投入不足限制了核桃产业技术创新的速度，会阻碍产业升级和竞争力的提高；消费者对健康食品需求的快速变化，使核桃产业需要不断调整产品和营销策略以适应市场需求的变化。克服这些制约因素需要政府、产业和研究机构的共同努力，并通过政策支持、技术创新和市场开拓等措施，促进核桃产业的健康发展。

核桃产业仍然面临着育种技术、种植技术、病虫害管理、生产加工技术、贮存运输技术、销售和市场开拓等多方面的技术瓶颈。例如，高质量核桃品种开发较慢，缺乏病虫害抵抗力强、适应性广的新品种；核桃种植管理技术落后，如灌溉、修剪、施肥等方面的技术仍需要改进以提高产量和品质；有效的病虫害防控技术不足，导致产量和品质损失；缺乏高效、低成本的核桃加工技术，如去壳、干燥、分级打包技术，这影响了产品的质量和成本效益；核桃在储存和运输过程中容易发生品质下降，如霉变、脂肪酸败等，需要更先进的贮藏和物流技术以保持产品品质；缺乏有效的市场分析和产品推广策略，以及电子商务平台的利用不足，限制了核桃产品的市场扩展和消费者接触。这些技术瓶颈需要通过科研创新和产业升级来克服，以提高核桃产业的整体竞争力和可持续发展能力。

第二节　核桃政策环境

一、国家层面相关政策

在2010年前，国家就确定核桃的战略定位是"木本油料"，产业的战略任务是"保障国家食用油安全"。故2010年中央1号文件明确提出"积极发展油茶、核桃等木本油料"。2014年，国务院办公厅印发的《关于加快木本油料产业发展的意见》中，核桃和油茶是并列的发展重点，2023年中央1号文件指出"发展油茶等特色油料"。

2021年全国人大代表、河北农业大学林学院研究员郭素萍在两会上形成了《关于支持木本油料树种——核桃产业发展的建议》，该建议认为发展核桃产业对保障我国食用油安全、把"油瓶子"攥在自己手上至关重要。因此，她认为加大力度支持核桃产业发展，对于实现核桃高质量发展、巩固脱贫攻坚成果和实现乡村振兴、提高食用油的供给保障能力具有重要意义。为了推动核桃产业的发展，国家实施了扶持政策，诸如培育新型经营主体、支持龙头企业和农民合作社开展林产品生产加工服务，同时积极推进政府购买服务，保证生产技术标准和规程在核桃生产全过程的落实。通过政府、学界、企业、农户等各方共同努力，推广科学种植和加工，创新开发产品，提高核桃的营养价值和产品品质，并扶持核桃龙头企业，培育优质品牌。

二、各级政府层面相关政策

近年来，云南、四川、新疆、陕西、甘肃等核桃种植面积较大省（区、市）依靠政府政策靠前发力，激发了市场活力。云南为保障核桃产业高质量发展，近年来筹集数十亿元资金扶持核桃产业。2017—2021年，云南省委、省政府相继出台了一系列政策来扶持核桃行业的发展，提出打造世界一流的云南深纹核桃品牌，计划到2025年，全省完成提质增效1000万亩，标准化初加工率达80%以上，深加工利用率达20%以上。2023年3月，从财政投入、基地提质增效、原料收储贴息、核桃油加工奖补、金融赋能、专业化市场建设和品牌打造等方面，制定了支持核桃产业发展的11条措施。同时，整合科研资源和资金项目投入核桃全产业链科技创新，推动核桃产业健康发展。

新疆阿克苏市、乌什县、新和县、叶城县、和田县、墨玉县、温宿县被农业农村部、财政部列入新疆薄皮核桃产业集群建设项目7个产业优势区。按照规划，新疆薄皮核桃产业集群项目建设期为3年。2022年，中央财政支持新疆创建优势特色产业集群的奖补资金是3.5亿元，其中支持薄皮核桃产业集群的奖补资金为0.5亿元。

四川的亮点在于"天府森林粮库"概念的提出。2023年1月18日，四川林草公众号发布《目标盘活1亿亩林地，四川将建千万吨级"天府森林粮库"》。其中指出，四川将实施"天府森林粮库123工程"——力争到2030年，盘活林地1亿亩，生产"林粮"2000万吨，实现产值3000亿元，打造全国森林粮库示范省。以核桃、油茶、油橄榄"三棵树"为代表的木本油粮面积，将在2030年达到2150万亩。

陕西洛南县在核桃产业方面有着丰富的种植经验和产业基础，当地政府出台了《洛南县红仁核桃产业发展扶持措施》，以促进当地核桃产业的发展。陕西省核桃产业发展大会暨中国核桃之乡洛南首届核桃节的举办，显示了当地政府对核桃产业的重视程度，并为产业发展提供交流和展示平台。为了支持核桃产业，陕西形成了以陕南秦巴山区、渭北旱塬为主的两大核桃产区，其中洛南、黄龙等县享有"中国核桃之乡"的美誉。此外,陕西省政府还建立了联席会议制度,旨在协调解决核桃等干杂果经济林产业发展中的重大问题。

甘肃省陇南市及成县政府具体实施了一系列措施来发展核桃产业。例如,陇南市制定了《林业人才队伍建设中长期规划(2019—2029)》,计划到2029年核桃种植面积达到350万亩,显著增加核桃产量。成县政府则采取了"强链、补链、延链"的策略,旨在通过基地管理、产品加工和市场营销的提升来做大做强核桃产业。

第三节　核桃技术环境

一、科技发展对核桃产业的推动作用

随着科技的进步带来了新的育种方法、种植技术和管理模式,有效提高了核桃树的抗病性、适应性和产量,同时优化了果实品质,提高了核桃的市场竞争力;引入先进的农业机械、智能设备和自动化技术,减少了人工劳动,提高了生产效率,降低了生产成本,使核桃产业更具经济可持续性。同时,更精准的施肥、灌溉和病虫害管理方案,减少了化肥、农药的使用量,降低了对土壤和环境的污染,促进了核桃产业的可持续发展;利用物联网、大数据和人工智能等技术对核桃生产、加工、储运和销售环节进行全面监控和管理,优化了供应链效率,提高了产品的流通速度和质量保障水平。通过基因编辑、分子标记辅助育种等先进技术,加速了核桃品种改良和新品种培育的进程,推动了核桃产业的技术创新和品种更新。特别是随着科技的发展,带来了新的加工技术和产品开发方法,生产出了更多样化、高附加值的核桃产品,拓展了核桃产业的市场空间,提高了行业整体收入水平。其中,生物技术和智能农业在核桃产业中的应用显著增加,这些技术可以提高生产效率,减轻劳动强度,同时提高土地利用效率,降低生产成本。

2022年底,云南实现了一项关于核桃油提取的技术突破,开发出了一种新

型的水代法高效提取核桃油的工艺和设备。这项技术被评为达到了国际领先水平，具有创新性强、出油效率高、油品质量好等特点。此项技术还突破了核桃油脂和蛋白水溶液分离的关键技术，显著提升了一次性提取效率至90%以上，同时还大大降低了核桃油的生产成本。此项技术对于提高核桃产业的附加值、降低依赖度和促进粮油安全具有重要意义。

二、科技项目立项情况

2023年，国家和地方政府加大了对核桃产业科研项目的投资力度，多个与核桃育种、病虫害防控、油脂加工相关的项目获得立项，促进了核桃产业技术创新和科技进步。特别是我国核桃种植大省的云南和新疆地区，出台了一系列的科研扶持项目。

云南省林业和草原局印发了《云南省核桃产业高质量发展三年行动方案（2023—2025年）》。该行动方案提出，到2025年，核桃产业逐步实现从"大"向"强"的转变，核桃种植面积稳定在4300万亩左右，核桃干果年产量300万吨以上，核桃油产能10万吨以上，核桃全产业链产值达1000亿元以上，主产区农村人口年均从核桃产业中获得收入超过3000元。政府承诺会从加快建设核心产业园区、优化建设现代交易市场、加速推进产地初加工、丰富核桃食品加工、提升核桃油生产能力、加强副产物综合利用、着力培育龙头企业、加大招商引资力度、拓展消费市场、健全云南核桃品牌体系、加强市场营销、推进大数据服务体系建设、实施基地提质增效、提高基地组织化程度、大力发展林下经济、提升核桃产业综合科研能力、加强核桃标准体系建设、加大技术推广和培训力度等18个方面发力，促进核桃产业健康发展。云南省政府持续加大对核桃产业的支持和投入力度，以上述研究为核心，立项了多项核桃产业相关项目。

新疆维吾尔自治区与科技部在2023年开启了部省联动国家重点研发计划"新疆核桃等特色油料作物产业关键技术研发与应用"项目。该项目旨在通过提高核桃等特色油料作物科技创新能力和水平，促进新疆核桃产业提质增效和高质量发展，为保障国家油料战略安全提供技术支撑。该项目针对新疆核桃油用和食用的品种不足、栽培技术不完善、核桃采后和油脂加工贮藏过程易氧化劣变等产业技术瓶颈,研发核桃精准调控栽培技术等一系列科研技术难题,从而提升新疆核桃全产业链综合生产技术水平。其他各级各类科研机构和院校也都加大了对核桃产业的支持和投入力度,推动了核桃产业的技术创新和升级。

2023年,我国在核桃科研项目上的投资集中在品种选育、种植技术改良以及加工利用技术开发等方面。以云南省为首的核桃产业大省开展了多个重大科技专项计划、乡村振兴科技支撑专项、中央和省级林草科技推广项目,以及其他重要产业发展项目。这些项目总体投资金额涉及数千万元,涉及核桃育种、核桃仁抗氧化、核桃制油工艺技术及装备研发等,旨在提升核桃产业的技术水平和经济价值,强化品种改良、提高产量和品质,以及开发新的加工利用技术。各省(区、市)在核桃产业发展的科技支持力度和重点关注方向上有所不同,但普遍关注于提升产业链的整体技术水平和市场竞争力。

三、科研机构及其研究进展

2023年,我国新成立了"云南木本油料(核桃)全产业链创新研究院"和"云南核桃全产业链发展战略咨询研究"两大科研机构,联合中国工程院曹福亮院士、蒋剑春院士、张佳宝院士、吴义强院士,以及来自中国林业科学研究院、江南大学、西南林业大学、云南农业农村厅的多位知名专家学者助力核桃产业发展。在核桃选育方面,云南省和其他科研单位通过研发先进的选育技术,改良和选育出了多种抗逆性更强、产量更高的核桃品种,如漾濞大泡核桃等。这些单位还研发了基因编辑等现代育种技术,进一步提高核桃的品质和产量。在核桃栽培方面,采用了多元化的种植模式和先进的水肥药管理技术,有效防治病虫害,提升了核桃的生长条件和产量。在核桃品质评价方面,建立了适于核桃油加工的评价技术标准,筛选出了适宜油用、蛋白用及休闲食用的多个优质品种。在核桃加工利用方面,云南云上普瑞紫衣核桃产业开发有限责任公司和云南省林业和草原科学院开发了"水代生态制取核桃油新工艺新装备研究与应用"技术，研制出了高效研磨、搅拌、提取核桃油的新型装备，创制了核桃油水代生态提取新工艺，突破核桃油脂和蛋白水溶液分离关键技术，工艺简单快捷，提升了出油效率，油品质量好，无废水，无添加，有利于后续饼的综合利用，新方法提取的核桃油营养成分丰富，稳定性好。

全国多个科研机构和高等院校研究成果的应用，极大地提升了核桃产业的技术水平和国际竞争力。国内许多科研机构致力于核桃技术研发，在核桃品种改良、栽培技术优化等方面取得了显著成果，特别是在核桃品种选育方面推出了多种抗逆性更强、产量更高的新品种；在核桃病虫害防治方面开发了绿色环保的防治技术，有效降低了农药残留。研究项目发明的核桃油工艺装备技术具有颠覆性创新，填补了国内外技术空白。成果在生产中应用前景广阔，具有良好的经济效益和社会效益，对我国核桃产业的健康发展具有重要意义。

四、相关技术协会和联盟对核桃产业的推动作用

2023年，在核桃产业国家创新联盟和国家核桃油及核桃加工产业创新战略联盟等技术协会和创新技术联盟的组织下，通过整合行业内企业、科研机构、专家学者等资源，汇聚行业内的各类资源，避免资源的分散浪费，提高了资源的利用效率，促进各方合作，形成了产学研深度融合的态势，推动科技成果的转化和应用，加速科技创新成果的推广和应用。通过协会和联盟组织举办了各类研讨会、学术交流会、技术培训班等活动，为行业内的从业者提供了交流、学习和分享经验的平台，促进了行业内信息的流通和共享。2023年8月12日在新疆阿克苏召开了"中国核桃产业高质量发展研讨暨2023年度核桃产业国家创新联盟年会"，召集了来自15个省、72个科研院所的250余位专家学者及企业家参加了大会，国家林业和草原局二级巡视员宋红竹、中国林业科学院副院长肖文发、新疆维吾尔自治区林业科学研究院党委书记王天斌等领导出席了会议。2023年9月22日，陕西省林业局、中共商洛市委、市人民政府主办，市林业局、中共洛南县委县政府承办，河北养元智汇饮品股份有限公司、商洛盛大实业股份有限公司、洛南县长盛农产品贸易有限公司协办的2023年陕西核桃

产业发展大会暨中国核桃之乡洛南首届核桃节在洛南召开。2023年10月11—13日，国家核桃油及核桃加工产业创新战略联盟第四次年会在云南省临沧市凤庆县召开，会议主题为"交流发展经验、凝聚产业智慧，推动核桃产业高质量发展"，会议由国家核桃油及核桃加工产业创新战略联盟、云南省林业和草原科学院联合主办，云南省临沧市凤庆县人民政府、凤庆县滇红建设投资开发集团有限责任公司共同承办。

通过这些活动，行业内的各方可以及时了解最新的技术动态、政策法规、市场需求等信息，从而更好地指导自己的科研和生产实践，提高了行业内的整体技术水平和竞争力。协会和联盟积极推动核桃产业的技术创新，组织开展科技攻关项目、技术研发和成果转化等活动，推动核桃产业向高质量、高效益、可持续发展的方向发展。通过技术创新，可以提高核桃产业的生产效率、产品质量和市场竞争力。协会和联盟通过组织研讨会、学术交流会及技术培训班等活动，成功整合了核桃产业的资源，并推动了信息共享与技术交流。这些活动聚集了多个省（区、市）的专家学者，共同探讨行业发展。陕西和云南的核桃产业大会和年会不仅促进了成果的推广和转化，也显著支持了乡村振兴，通过实际行动强化了产业的可持续发展。这些活动体现了有效的产业支持和战略规划，推动了核桃产业的整体提升。协会和联盟牵头制定了各种行业内的技术标准、规范和指导性文件，规范行业发展行为，提高核桃产品的质量和安全水平，为核桃产业的发展提供规范和指导，有助于提升核桃产业的整体形象和信誉度，增强行业的竞争力。同时作为行业组织，协会和联盟也代表核桃产业的利益，就行业内的重大问题提出建议，与政府部门进行沟通协商，参与政策制定和产业政策的解读，维护行业的合法权益，为行业发展提供有力的支持和保障。综上所述，核桃相关技术协会和创新联盟在整合行业资源、促进信息交流、推动技术创新等方面发挥了重要作用，对核桃产业的发展起到了积极的推动和促进作用。

第四节　核桃市场需求

一、核桃种苗市场需求

在20世纪90年代后期，随着国内首批16个早实核桃新品种的审定，国内出现了第一次苗木需求高峰。这些核桃品种中薄壳是一种重要特点，由于市场需求量大，一些鱼龙混杂的品种也搭便车进入了核桃种植园。经过10余年的发展，特别是2007—2016年，我国核桃栽培面积以每年10%的速度递增，新品种不断涌现，推广应用面积不断扩大。这几年，因人们也逐渐发现早实核桃并不适合所有地区种植，同时抗病性较弱、易早衰等问题也暴露出来，优新品种的更新推动了第二次的核桃苗木需求高峰。2017年以后，核桃种植面积增速放缓，核桃苗木需求量逐渐下降。随着我国核桃产业高质量发展的推进，一些特种苗木，如红仁核桃、麻核桃苗木等仍有一定市场。例如，在陕西、山西、云南等地，红仁核桃苗木均有一定种植面积，并在缓慢增加，如北京紫京核桃科技开发有限公司审定的紫京（Juglans regia zijing）核桃，又名五紫核桃，即紫树、紫花、紫叶、紫果、紫仁，是北京地区特有的名贵乡土彩叶多功能树种，目前在云南、河北、山东、山西、新疆等地均引种栽培，并取得较好收益。2023年核桃种苗需求保持平稳，在数量上没有明显增长，但对质量的要求更精细化、精准化。

随着科学技术的进步、消费者健康意识的提升以及偏好的变化，对有机、无农药残留、天然无污染、生长周期短、产量高、抗病虫害能力强、果实品质优良的高品质核桃种苗需求逐渐增加，种植者越来越倾向于采用先进的育种技术、栽培技术和管理模式。因此，对于结合了新技术和高效生产方式的高品质核桃种苗的需求增加，消费者和种植者更加重视核桃种苗的区域适应性和环境友好性。

随着市场竞争的加剧，品牌意识和品牌认知成为消费者购买的重要因素之一。因此，对有知名度和口碑的高品质核桃种苗的需求也会持续增加。总的来说，随着技术进步和消费者偏好的变化，高品质核桃种苗的需求趋势呈现出多样化、健康化、技术化和环保化的特点。这为核桃种植产业带来了新的发展机遇和挑战，种植者需要不断提升种苗品质，以适应市场需求的变化。

二、核桃坚果市场需求

核桃坚果富含优质蛋白质、健康脂肪、纤维和多种维生素、矿物质等营养成分，被认为是健康食品的理想选择。随着消费者对食品品质和安全营养关注度的提高，品质优良、无农药残留、有机认证的核桃坚果产品市场需求逐渐增长。每年八九月，在核桃正式采收前，青皮核桃提前下树供应市场，鲜嫩脆甜的核桃仁备受消费者青睐，特别是红仁核桃鲜食近两年更是受到了热捧。红仁不但具有核桃的营养品质，还含有较高的花青素，在新鲜下树时的鲜果仁营养损失最少，因此在孕妇、婴幼儿及老年人市场群体中的需求量较大，常出现"一核难求"的情况。

不同国家和地区对食品质量和安全的监管要求不同，对中国核桃坚果的出口造成一定程度的影响。中国核桃坚果出口商需要符合目标市场的相关质量标准和食品安全要求，以确保产品畅销。同时，一些新兴市场的消费者对健康零食的需求增长迅速，对核桃坚果的需求也在增加。例如，亚洲、拉丁美洲等地区的中产阶级人口的增加和健康意识的提升，带动了对核桃坚果的需求增长。随着全球化进程的加速，国际市场竞争日益激烈，中国核桃坚果面临来自其他主要生产国的竞争压力。种植者需要提高产品质量、降低生产成本，以应对国际市场上的竞争。面对复杂多变的国际形势，核桃坚果市场面临着潜在挑战和机遇。市场竞争激烈，价格波动大，加剧了行业内部的竞争压力；食品安全和质量问题影响了我国核桃坚果的国际声誉和市场份额。但是健康饮食趋势和消费升级带动了核桃坚果市场的需求增长，新兴市场的发展潜力巨大，为我国核桃坚果的出口提供了机会；技术创新和品牌建设有助于提升我国核桃坚果的市场竞争力和附加值。综上所述，种植者和出口商需要积极应对市场变化，提高产品质量和竞争力,抓住市场机遇,应对市场挑战,实现可持续发展。

三、核桃仁及仁类产品市场需求

核桃仁富含优质蛋白质、健康脂肪、纤维和多种维生素、矿物质等营养成分,被视为健康食品的重要组成部分。人们对美食的追求和饮食习惯的多样化,促进了核桃仁及仁类产品的需求增长。核桃仁不仅可以直接食用,还可以用于烘焙、糕点制作、糖果加工等各种食品加工中。快节奏的生活方式和工作压力增加,使人们更加倾向于选择方便、营养丰富的零食。核桃仁作为一种便携、易保存的零食,受到了消费者的青睐。随着人口老龄化趋势的加剧,对于具有保健功能的食品需求不断增加。核桃仁被认为有助于保护心脑血管健康、预防阿尔茨海默病等疾病,因此受到了老年人群体的青睐。各大食品品牌对核桃仁及仁类产品进行了广泛的市场推广和宣传,增强了消费者的认知度和购买欲望,推动了市场需求的增长。核桃仁的需求场景逐渐出现在餐厅、饭店的餐桌上,用于凉拌菜,特别是枣夹核桃这一广受消费者喜爱的产品也拉动了对核桃仁的需求。随着全球经济的发展和贸易自由化的推进,国际市场对核桃仁及仁类产品的需求也在不断增加。特别是在一些发展中国家和地区,核桃仁作为高营养、美味可口的食品备受欢迎。餐饮行业对于原料质量的要求不断提高,核桃仁及仁类产品作为高品质、高营养的原料,受到了餐饮业的青睐,市场需求增加。总的来说,随着人们健康意识的提升、饮食习惯的多样化和生活方式的变化,核桃仁及仁类产品市场需求呈现出稳步增长的趋势。未来,随着健康饮食趋势的可持续推进和全球市场的拓展,核桃仁及仁类产品的市场需求有望继续扩大。

四、核桃油市场需求

核桃油是一种富含营养且具有多种健康益处的食用油,因此在市场上享有广泛的需求。随着对健康饮食的重视,人们对于天然、有益健康的食用油需求不断增加。核桃油富含不饱和脂肪酸、维生素E等营养成分,被认为有助于降低胆固醇、预防心血管疾病等，因此备受消费者青睐。核桃油不仅可用于烹饪食用，还被广泛应用于保健品、美容护肤品等领域。其独特的香味和丰富的营养成分使其在市场上具有较大的应用空间。由于核桃油的制作工艺复杂、提取成本较高，因此价格相对较高，主要面向高端消费群体。一些追求高品质生活、注重健康的消费者愿意支付更高的价格购买优质的核桃油产品。随着人们健康意识的提升，以及老龄化趋势的加剧，营养保健市场对核桃油等功能性食用油的需求不断增加。核桃油市场需求逐渐旺盛，消费需求逐渐从之前的孕妇、婴幼儿等特殊人群扩大到普通人群，人们对核桃油的需求呈逐渐常态化的趋势，核桃油走上餐桌，从特种油脂变成常用油脂。消费者希望通过食用健康油品来维护身体健康，从而推动了核桃油市场需求的增长。我国以及其他核桃产地的核桃油产品在国际市场上也备受欢迎。随着全球贸易的加速和全球化进程的推进，国际市场对于高品质、天然健康的核桃油的需求也在不断增加。综上所述，随着人们健康意识的提升和消费升级，核桃油作为一种天然、健康、营养丰富的食用油，其市场需求持续增长。未来，随着健康饮食趋势的持续推进和全球市场的拓展，核桃油市场的需求有望继续扩大。

五、核桃蛋白市场需求

核桃蛋白产品是指从核桃中提取的富含蛋白质的产品，具有高营养价值和多种健康益处，因此在市场上有着广泛的需求。随着人们对健康饮食的重视和对健康意识的提升，高蛋白质、低脂肪、营养丰富的食品备受追捧。核桃蛋白产品作为一种天然、优质的蛋白质来源，因其营养价值高、易消化吸收等优点，受到健康饮食趋势的推动，市场需求持续增长。核桃蛋白产品适用于各个年龄段和不同人群，包括运动员、健身爱好者、老年人、素食者等。运动员和健身爱好者需要额外的蛋白质补充以增强肌肉力量和恢复，而老年人和素食者则需要蛋白质来维持健康和提高营养摄入。核桃蛋白产品可以作为食品添加剂，用于制作各种高蛋白食品，如蛋白粉、能量棒、蛋白饮品等。此外，还可用于保健品、营养补充品、婴幼儿配方食品等领域。消费者对产品质量和安全性的关注度不断提高，对于符合高品质、无添加、无污染标准的核桃蛋白产品的需求也随之增加。生产商需要确保产品符合食品安全标准，以满足消费者的需求。随着全球健康意识的提升和营养补充品市场的扩大，国际市场对于核桃蛋白产品的需求也在不断增加。特别是在一些发达国家和地区，消费者对于高品质、天然健康的蛋白质来源越来越感兴趣。综上所述，核桃蛋白产品市场需求在健康饮食趋势和消费升级的推动下呈现出增长态势。未来，随着健康意识的持续提升和全球市场的拓展，核桃蛋白产品的市场需求有望进一步扩大。

六、核桃副产物市场需求

核桃副产物是指在核桃加工过程中产生的各种副产品，包括核桃壳、核桃果壳、核桃果皮、核桃叶等，这些副产物具有广泛的应用价值。核桃壳和核桃果壳富含有机质，可作为优质的有机肥料，用于改良土壤结构和提高土壤肥力；核桃叶也可以用作牲畜饲料或制作堆肥，起到养分循环和资源利用的作用；核桃壳和核桃果壳含有丰富的木质纤维素，可用于生物质能源生产，如生物质燃料、生物质颗粒等。此外，核桃壳还可以用于制作活性炭、木质素等化工产品。核桃壳和核桃果壳中含有丰富的抗氧化物质和生物活性物质，具有一定的药用价值。核桃壳提取的核桃多酚可以用于制备保健品和药物，具有抗氧化、抗炎、降血脂等作用。核桃果皮和核桃叶中含有丰富的芳香物质和抗氧化物质，可用于食品加工中的香精、调味料等产品的生产。此外，核桃叶还可以制作成果茶、核桃叶饮料等健康饮品。核桃壳和核桃果壳可用于制作天然的去角质磨砂膏，具有去除皮肤角质、清洁毛孔的功效。核桃叶提取的精华也可以用于美容护肤产品中，具有保湿、抗氧化、抗衰老等作用。总的来说，核桃副产物在农业、工业、医药保健、食品加工和美容护肤等领域都有一定的市场需求。随着人们对资源综合利用和可持续发展的重视，核桃副产物的市场需求有望进一步增加。同时，科技创新和产品开发也将为核桃副产物的利用提供新的机会和前景。

第五节 国内外同行业比较优势与劣势

一、核桃品种选育比较

我国的核桃良种选育工作相比欧美国家起步较晚, 20世纪60年代初起步, 80年代末期自主研制第一批早实核桃良种问世, 结束了长期的实生栽培阶段, 进入品种化栽培阶段。随着我国核桃育种工作的不断进步, 传统育种与分子育种相融合, 培育出200多个核桃品种。2023年, 共有25个核桃新品种被国家林业和草原局授予植物品种权。美国在核桃良种选育方面领先于世界, 最初栽培的品种之一Franquette是法国的一个品种, 而Payne、Hartley是1898年和1915年在美国本土被发现具有优良性状实生树特征后培育成优良品种。随着美国农业部对核桃育种项目的重视, 美国的核桃育种技术不断提高, 陆续发布Vina、Chandler、Howard、Tulare、Sexton、Gillet、Forde、Ivanhoe、Solano、F Durham、Wolfskill等核桃良种, 其中Sexton、Gillet、Forde等品种还得到了专利保护。

我国核桃品种相比于美国以及欧洲的核桃品种, 在丰产性、出仁率(见表2-1)等方面并不处于劣势, 但在坚果品质方面, 我国核桃品种在一致性、仁色泽方面需要提高和加强。如美国Chandler、Howard、Tulare等品种形状都接近"钻石"形状, 这就为带壳销售核桃带来一定的优势, 这也是美国核桃出口量高于其他国家的原因之一。另外, 美国核桃栽培生产主要在加利福尼亚州, 平整、肥沃的立地条件, "早实"类型是首选, 这是美国现有的栽培品种没有"晚实"类型核桃品种的原因。我国除了新疆栽培区, 绝大部分核桃产区立地条件和生态类型千差万别, 所以我国在核桃品种选育上早实和晚实类型各有千秋, 各有优势。尤其是近年来, 在劳动力成本不断攀升的情况下, 耐粗放管理的晚实核桃品种比较受欢迎。另外, 我国核桃杂交育种处于2代、3代, 美国已达到6代以上, 如美国SextonP等品种, 品种改良目的性、多基因融合性更强。

我国的鲜食核桃品种, 有成熟期早、大果、壳薄的礼品2号、清香等, 既丰富了核桃的产品种类,也缓解了部分核桃坚果产品的销售压力。当然,鲜食核桃品种是在原有的核桃品种中逐步分化出来的。

美国在核桃砧木的研究上起步早,采用北加州黑核桃与核桃的自然种间杂交种奇异核桃做砧木,能够使穗用品种具有更好的抗逆性和丰产性表现。然而,尽管奇异核桃是种间杂交种,但毕竟是种子实生繁殖的,后代会出现差异和变异,影响所嫁接品种的一致性。近年来,通过育种和微繁技术,具有更优良性状的砧木无性系已经具备,实现了全株无性系化栽培。我国在核桃砧木研究与应用上重视不够,传统的核桃良种繁育大多采用其本砧。

近年来,随着中宁系列核桃砧木品种的问世和应用,我国在核桃砧木选育和应用上会有新的提高。

表2-1　我国部分品种与美国品种对比

品种	早晚实	壳厚（毫米）	坚果重（克）	核仁重（克）	出仁率（%）	来源	杂交年份	选择年份	发布年份	开花类型
香玲	早实	0.9	12.2	7.8	65.4	控制杂交	1978	1984	1989	雄先
鲁光	早实	0.9	16.7	9.2	59.1	控制杂交	1978	1984	1989	雄先
温185	早实	0.8	15.8	10.4	65.9	实生发现	—	1983	1989	雌先
新新2号	早实	1.2	11.6	6.2	53.2	实生发现	—	1979	1990	雄先
辽宁1号	早实	0.9	9.4	5.6	59.6	控制杂交	1971	1979	1989	雄先
辽宁4号	早实	0.9	11.4	6.8	59.7	控制杂交	1971	1974	1989	雄先
礼品2号	晚实	0.7	13.5	9.1	67.4	实生发现	—	1977	1995	雌先
中林1号	早实	1.0	14.0	7.5	54.0	控制杂交	—	—	1989	雄先
中林5号	早实	1.0	13.3	7.8	58.0	控制杂交	—	—	1989	雌先
Payne	早实	1.3	15.2	7.33	48.3	实生发现	—	1898	—	雄先
Hartley	早实	1.4	15.6	7.12	45.6	实生发现	—	1915	—	雄先

续表

品种	早晚实	壳厚（毫米）	坚果重（克）	核仁重（克）	出仁率（%）	来源	杂交年份	选择年份	发布年份	开花类型
Vina	早实	1.3	14.6	7.09	48.4	控制杂交	—	—	—	雄先
Tehama	早实	1.4	15.2	7.51	49.4	控制杂交	—	2001	2010	雄先
Serr	早实	1.2	16.8	9.60	57.0	控制杂交	—	—	—	雄先
Chandler	早实	1.3	14.0	6.42	46.0	控制杂交	—	—	—	雄先
Howard	早实	1.4	14.8	7.59	51.4	控制杂交	—	—	—	雄先
Tulare	早实	1.1	13.5	7.35	54.4	控制杂交	1966	—	—	雄先
SextonP	早实	1.5	19.0	9.87	51.9	控制杂交	1990	2000	2004	雄先
GilletP	早实	1.3	16.5	7.81	47.3	控制杂交	1995	2002	2004	雌先
FordeP	早实	1.6	18.2	9.08	50.0	控制杂交	1995	2001	2004	雌先
Ivanhoe	早实	1.2	13.3	7.24	54.4	控制杂交	1995	2001	2010	雌先
Solano	早实	1.3	15.33	8.41	54.9	控制杂交	1995	2003	2013	雄先

注：P 为专利保护品种。

二、核桃栽培技术方面

（一）栽培模式

在栽培模式方面，我国大部分核桃产区核桃园为纯园栽培和农林间作模式。由于配套技术未及时跟上，许多园地未按照要求管理，导致果园郁闭树形紊乱，从而造成产量低、品质参差不齐、效益低。在良种良法配套、技术管理较好的核桃园，基本能实现优质丰产和较高的收益。

美国和核桃新发展地区澳大利亚的核桃栽培模式为纯园栽培，集约化管理程度非常高。根据美国农业部网站信息，目前美国核桃栽培面积为242.8万亩，带壳销售核桃17.2万吨，核桃仁销售25.5万吨。按照出仁率50%计算，核桃产量总量约为68.2万吨坚果，折合亩产为280.9公斤。而根据2021年FAO数据，世界核桃平均亩产205公斤。据《中国林业和草原统计年鉴（2021）》：种植面积1.12亿亩，年产核桃干果540万吨，平均亩产48.2公斤；我国四大产区云南、新疆、四川、山西的核桃平均产量分别为35公斤/亩、185公斤/亩、48公斤/亩、55公斤/亩，与美国的核桃单位面积产量相比差距很大。

在品种选择方面，我国核桃生产过多考虑了品种的丰产性及坚果品质，而往往忽略品种的适应性及抗逆性。果农缺乏对品种的认识又没有经过必要的指导而存在较大的盲目性。美国核桃生产因集中在加州，对气候适应不必考虑过多，但对晚发芽的抗病品种还是比较青睐。

在栽植树密度方面，我国核桃园片式栽培密度偏大，如我国早实核桃品种株行距(4~5)米×(5~6)米，而美国核桃栽植密度一般在8米×8米以上。尽管我国核桃在园地上不如美国核桃园的土壤和立地条件，但密度过大，不仅影响成龄树的通风透光，也限制了具备机械化管理条件的集约化管理，不仅会导致病虫害的增加，也会导致管理成本的增加。

（二）土肥水管理

在土肥水管理方面，我国核桃栽培受传统的"耐瘠薄、适应性强、耐粗放管理"等不正确理念的影响，对核桃优良品种的认知不足，许多核桃园建在立地和肥水条件较差的地块，加之后期投入不足、管理不到位，致使核桃园普遍存在肥力不足问题。这在以早实核桃品种建园的园地表现相当明显。在土壤管理中，仍以清耕为主，为了减少人工投入，多使用除草剂控制杂草；随着技术的推广和观念的转变，园内生草和果园覆盖得到一定的应用并日益受到种植者重视。在肥水管理方面，受投入成本较高、核桃价格下降等因素影响，施有机肥的核桃园越来越少，一般结合浇水施入适量或少量化肥，甚至不施；灌水一般采取漫灌方式，管理较好的核桃园采用滴灌等节水灌溉，配备肥水一体化设施。

核桃栽培管理最先进的美国已普遍建立叶片营养诊断分析服务站，核桃园灌溉（喷灌、滴灌或微喷灌）等设备齐全且自动化程度高，实现了水、肥、土的一体化管理。

（三）病虫害防治

我国在核桃主要病害如黑斑病、炭疽病、腐烂病、枯梢病、褐斑病、白粉病等防控方面都取得了新的进展。但目前对新疆等地区的新发病害核桃焦叶病还 未能很好解决，是生理病害还是侵染性病害还处于研究中。在核桃病虫害防治上，虽然有适地适树、保持树体通风和透光、及时清理病枝病果以减少病害感染源等农业防治，有利用杀虫灯、粘虫板、糖醋液、树干缠草绳和树干涂粘虫环带等物理防治，但大部分核桃园仍以喷施化学农药的化学防治为主。近年来，随着政策管理和环保意识的增强，低毒、低残留的化学农药、生物农药、微生 物菌剂越来越多地应用于核桃病虫害的防控。我国在核桃病害的防控方面还 没有形成很好的防控机制，往往不遵循"预防为主"的防控原则，而是发现病害再防治，这往往错过了最佳防控时期，从而导致"事倍功半"。

相比美国的核桃生产，首先是重视抗病、抗逆品种及砧木的选育与应用，并且在病害防控方面，美国农业部下属部门为核桃经营者提供了更优良的服务和切实可行的防控信息。例如，对于核桃细菌性黑斑病的防控，多家科研单位研发的黑斑病预测模型–Xantho Cast可用于黑斑病的预测预报，以此更好地、准确地进行黑斑病田间药剂防控指导和服务。核桃经营者根据田间数据记录仪监测温度、叶片湿度、降雨量、相对湿度，并根据芽上病菌数量、病果率等数据进行病害预测。Agtelemetry网站也为美国核桃种植户提供服务，科学地预测预报，为核桃经营者提供黑斑病较准确的防控信息，并提出防治方案，实现核桃黑斑病的有效防控。

（四）农业机械

在农业机械等的应用方面，随着我国机械化和科技水平的不断提高，核桃的农艺农机融合得到了长足发展。尤其是果园管理的通用机械设备，如喷药用的打药机（无人机）、除草用的割灌机、土壤管理使用的旋耕机、处理修剪枝条的碎枝机等，得到了较好应用。而有关核桃的整形修剪和采收专用机械研发、应用不足，机械化修剪尚处于试验、研发起始应用阶段，人工修剪虽有电动修枝剪（锯）的助力、多功能作业平台的实验性应用，但自动化、智能化程度高和适用性强的成套修剪设备仍待研发。在核桃采收及采后处理机械方面，目前已逐步从试验研发走向生产应用，如采收机、核桃脱皮清洗机等的应用，可以极大地提高工作效率。核桃农艺农机融合的核桃专属机械和智能机械化仍然有很长的路要走。尽管我国的核桃在产前、产后方面的机械化有所进步，但与美国相比还有很大的差距。美国的核桃园在土壤管理、灌溉、施肥、修剪、喷药、采摘、漂洗、干燥、分选、加工等各个环节均已实现了机械化，生产力大幅提高，核桃产业成为全球核桃集约化经营的典范。美国还从品种、栽培、采收、运输、贮藏保鲜、加工及质量安全等环节制定并形成了标准化体系，从而保障了核桃产品的品质，使美国核桃在全球核桃产业竞争中占据主导地位。

三、核桃加工技术方面

（一）核桃仁及仁类产品

核桃坚果仁与其他仁类产品比，多不饱和脂肪酸（亚油酸、γ-亚麻酸、α-亚麻酸、二十碳二烯酸等）的含量最高，为74.17克/100克（见表2-2）。坚果中单不饱和脂肪酸和多不饱和脂肪酸的含量高于饱和脂肪酸。中国营养学会推荐成年人摄入脂肪中各脂肪酸合理比例为饱和脂肪酸、单不饱和脂肪酸、多不饱和脂肪酸的比例接近1:1:1。动物脂肪中饱和脂肪酸含量较高，如果饮食中含有较多动物脂肪，可以搭配食用不饱和脂肪酸含量较多的坚果，如扁桃仁、碧根果、大果榛子等，使3类脂肪酸摄入比例接近推荐值。坚果中富含ω-6脂肪酸和ω-3脂肪酸。坚果中ω-6脂肪酸主要有亚油酸、γ-亚麻酸和花生四烯酸，ω-3脂肪酸主要有α-亚麻酸和二十碳五烯酸和二十二碳六烯酸。中国营养学会建议ω-6脂肪酸和ω-3脂肪酸的摄入比例为4:1~6:1。多数坚果中ω-6脂肪酸含量高，ω-6脂肪酸和ω-3脂肪酸比例高于推荐值，但是核桃中α-亚麻酸含量高，ω-6脂肪酸和ω-3脂肪酸比例为5.3:1，符合推荐值，山核桃和夏威夷果中ω-6脂肪酸和ω-3脂肪酸比例分别为8.6:1和8.7:1，比值接近推荐值（见表2-2）。

表2-2　坚果中各类脂肪酸的比例

仁类产品	饱和脂肪酸总含量（克/100克脂肪）	单不饱和脂肪酸总含量（克/100克脂肪）	多不饱和脂肪酸总含量（克/100克脂肪）	饱和脂肪酸、单不饱和脂肪酸、多不饱和脂肪酸的比值	ω-6脂肪酸和ω-3脂肪酸的比值
核桃	9.04	16.79	74.17	1:1.9:8.2	5.3:1
山核桃	7.38	70.54	22.08	1:9.6:3.0	8.6:1
巴旦木	7.73	68.04	24.23	1:8.8:3.1	469.3:1
扁桃仁	7.47	70.43	22.10	1:9.4:3.0	316.2:1
碧根果	7.48	71.46	21.06	1:9.5:2.8	20.0:1
大果榛子	7.63	78.08	14.30	1:10.2:1.9	127.6:1
东北榛子	4.53	84.34	11.14	1:18.6:2.5	52.3:1
瓜子	11.71	18.33	69.97	1:1.6:6.0	498.1:1
花生	21.16	37.93	40.91	1:1.8:1.9	301.2:1
黑皮花生	22.19	43.86	33.94	1:2.0:1.5	153.2:1
东北松子	7.16	24.99	45.59	1:3.5:6.4	113.0:1
巴西松子	8.00	38.53	53.23	1:4.8:6.7	152.8:1
开心果	12.29	56.30	31.42	1:4.6:2.6	54.8:1
夏威夷果	18.81	79.54	1.64	1:4.2:0.1	8.7:1
腰果	17.71	60.75	21.55	1:3.4:1.2	35.1:1
诸暨香榧	10.70	33.01	44.27	1:3.1:4.1	84.5:1

　　核桃是唯一一种含有大量α-亚麻酸（ALA）的坚果树，这是一种基于植物的ω-3必需脂肪酸。这种脂肪酸，与海洋中的金枪鱼、沙丁鱼、鲭鱼、青花鱼、秋刀鱼等青鱼的脂肪酸，属于同一类脂肪酸。作为ω-3脂肪酸的最佳植物性食物来源之一，一份30克（约6个核桃）的核桃提供2.7克ALA。除了必需的ALA/omega-3脂肪酸外，30克核桃还分别提供了4.4克的蛋白质和1.4克的纤维。此外，大多数消费者没有摄入足够的膳食纤维，而膳食纤维能促进健康的肠道功能，帮助人们增强饱腹感——这是保持健康体重的关键因素。

　　我国南北各地以核桃仁为主料的食品有很多，如琥珀核桃仁、速溶核桃粉、糖水核桃罐头、甜香核桃、核桃香精、银香核桃、咖喱核桃、雪衣核桃、核桃酪、奶油桃仁饼、核桃布丁盏等。以核桃仁为主（辅）料的菜肴也有很多，如酱爆核桃、五香核桃、糖醋核桃、椒盐桃仁、油氽核桃仁、核桃泥、桃仁果酱煎饼卷、椒麻鲜核桃、核桃巧克力冻、核桃派、核桃蛋糕等，各地形成各具特色的核桃保健食谱。以核桃仁为主料的药膳也有不少，如人参胡桃汤、乌发汤、阿胶核桃、核桃仁粥、核桃五味子蜜糊、凤髓汤、黄酒核桃泥汤、润肺仁饼、莲子锅蒸、枸杞桃仁羊肾汤。

（二）核桃油对比分析

综合比较产油植物及油中的饱和脂肪酸及不饱和脂肪酸含量，核桃及山核桃的果仁含油率较高（见表2-3），达到52%~70%，而亚油酸含量低于葡萄籽油、山桐子油、葵花籽油，含量为51.60%~68.15%，其亚麻酸含量是所有木本植物油中含量仅次于牡丹籽油的，为5.53%~13.67%。

表2-3　出油植物含油率及主要脂肪含量对照表

植物种类	植物类型	含油率（%）	油中饱和脂肪酸（%）	油中不饱和脂肪酸（%）		
				油酸	亚油酸	亚麻酸
核桃	木本植物	52~70	8.09~14.79	8.88~21.69	51.60~68.15	5.53~13.67
山核桃	木本植物	60~70	7.97	67.62	21.56	1.99
油茶	木本植物	47.0~59.5	10.93~11.53	78.92~82.27	4.71~7.49	0.28~0.45
榛	木本植物	50~75	4.96~12.91	74~87.38	5.36~18.7	0.029~0.47
文冠果	木本植物	50~60	6.72~13.12	23.56~33.93	38.62~48.34	0.40~4.64
油橄榄	木本植物	20~30	13.67~14.15	55~83	3.50~21.00	0.61~0.64
牡丹	木本植物	27~33	10.05	23.20	27.40	41.40
山桐子	木本植物	21.20~44	12~21	2.0~11.0	64~75	—
松树子	木本植物	58~69	6.51~7.94	20.59~26.79	42.17~46.78	0.15~0.19
元宝枫	木本植物	42~46	10.52	20.10	32.60	3.53
油棕	木本植物	50~55	49.7~57.5	37.3~40.8	9.1~11.0	0.01~0.25
椰子	木本植物	65~74	81.2~94	5~10	1~2.5	0.2~2.5
大豆	草本植物	18~24	6~24	15~36	42.80~56.10	2~14
油菜	草本植物	37.5~46.3	6.46~9.43	56~72	13.80~24.60	4.30~11.30
向日葵	草本植物	46~50	9~13	16.40~27.60	60.20~72.10	0.07~1.80

续表

植物种类	植物类型	含油率(%)	油中饱和脂肪酸(%)	油中不饱和脂肪酸(%)		
				油酸	亚油酸	亚麻酸
花生	草本植物	46~57	9.90~13.80	37.00~55.60	25.30~39.70	0.40~3.20
芝麻	草本植物	43~61	14.00~16.30	38.37~42.0	40.89~44.81	0.156~0.164
玉米	草本植物	4.50~4.80	15~16	27.60~34.60	48.60~55.30	0.60~1.49
棉花	草本植物	15~40	27.50~33.70	16.50~27.00	43.20~54.00	0.13~0.30
火麻	草本植物	25~35	9.30~12.00	9.60~14.70	52.20~58.20	15.20~23.90
葡萄	草本植物	10~20	9.10~15.18	11.50~21.80	62.33~77.30	0.19~0.94
亚麻	草本植物	35~45	7.68~9.40	—	16.47~20.74	40.27~54.51

（三）核桃蛋白类新产品

随着经济的发展，人们对健康食品的需求不断增加。相比于动物蛋白质，植物蛋白质更加生态友好，因此人们越来越多地考虑将植物蛋白质作为低成本膳食蛋白的可能替代来源。核桃蛋白具有蛋白含量高、氨基酸组成合理、营养价值丰富等特点，是一种优质的植物蛋白。常见核桃等植物蛋白原料的宏量营养素含量如表2-4所示。核桃蛋白主要由谷蛋白、球蛋白、清蛋白和醇溶蛋白四大类蛋白组成，分别占核桃蛋白总含量70.11%、17.57%、6.81%和5.33%。核桃蛋白主要产品有核桃蛋白粉、核桃蛋白肽、核桃乳、核桃酸奶等。科研人员也研制了枸杞风味核桃多肽乳、欧李核桃复合植物蛋白饮料、核桃饼粕、三七花复合发酵饮品、全植物基核桃酱食品、复合蛋白饮料、大豆-核桃复合植物蛋白饮料。

表2-4　核桃等植物蛋白原料的宏量营养素含量

每100克可食用部分	食部(%)	水分(克)	蛋白质(克)	脂肪(克)	碳水化合物(克)	膳食纤维(克)
核桃（干）	43	5.2	14.9	58.8	19.1	9.5
大豆	100	10.2	35.0	16.0	34.2	15.5
绿豆	100	12.3	21.6	0.8	62.0	6.4
豌豆	100	10.4	20.3	1.1	65.8	10.4
花生（仁，生）	100	6.9	24.8	44.3	21.7	5.5

续表

每100克可食用部分	食部（%）	水分（克）	蛋白质（克）	脂肪（克）	碳水化合物（克）	膳食纤维（克）
燕麦（面）	100	11.0	12.2	7.2	67.8	4.6
椰子	33	51.8	4.0	12.1	31.3	4.7

（四）核桃副产物

核桃副产物主要有核桃青皮、核桃壳、核桃仁种皮、核桃分心木等。核桃青皮中发挥药理作用的有效活性成分为胡桃醌、粗萘醌、鞣花酸、核桃多糖及多酚类物质，其中总醌含量36.76毫克/100克、总酚含量8.97毫克/100克、总糖含量86.82毫克/100克。核桃青皮中的这些成分具有杀虫、抑菌、抗肿瘤等作用，可以开发为植物农药杀虫剂、抑菌剂、药剂等。目前，兰州沃特莱斯生物科技有限公司、甘肃益生祥生物技术有限公司、西安四叶草生物科技有限公司都有核桃青皮提取物产品销售。

核桃壳主要由纤维素、木质素以及半纤维素等高分子聚合物组成，其材质坚硬且无毒。在传统工业上，凭借核桃壳表面特殊的多孔隙性质，常作为优良的吸附剂及填充复合材料使用。核桃壳中主要成分有酯类、酚类、黄酮类、苷类、植物甾醇等，具有抗肿瘤、抗菌、镇痛消炎等药理作用。另外，核桃壳中还可以提取多糖、木醋液、色素等。当核桃壳提取的多糖质量浓度为2.5毫克/毫升时，其对羟基自由基和超氧阴离子自由基均具有较强的清除作用，清除率分别达到63.47%和79.74%；提取的多天然棕色素具有较好的溶解性、耐光性、耐热性、稳定性，可应用于食品添加、化工染色等领域。

核桃分心木的质量为核桃去青皮后干果总质量的4%~5%，主要成分为黄酮类、酚酸类、生物碱、多糖类、皂苷类以及其他微量化合物，这些物质具有抗氧化、抗炎、降血糖和抑制细菌等生物活性作用。研究表明，在50~400微克/毫升的浓度范围内，分心木水提物可抑制人结肠癌细胞（HCT-116）的增殖，且效果明显。

第三章

核桃产业发展重点区域

第一节　引　言

一、全国核桃生产总体情况

我国的核桃分布极为广泛，24个省（区、市）和新疆生产建设兵团均有种植，据《中国林业和草原统计年鉴（2022）》数据，全国核桃种植面积1.2亿亩，产量593.46万吨。

二、全国核桃生产重点省（区、市）

据《中国林业和草原统计年鉴（2022）》数据，2022年我国的核桃产量分布（见表3-1）：云南产量191.33万吨，占比32.23%；新疆产量127.22万吨，占比21.44%；四川68.03万吨，占比11.46%。这三个省区核桃产量合计占全国总产量的一半以上，合计占比65.13%。预计2023年云南、新疆和四川所占比重将继续提升。随着2010—2015年西南地区云南、贵州、四川新种核桃陆续开产并进入丰产期，推高国内核桃产量，2023年全国核桃产量将突破600万吨，2028年国内核桃产量可能达到650万吨以上。

表3-1　2022年我国重点省（区、市）核桃产量情况表

省（区、市）	产量（吨）	产量比例（%）
云南	1913316	32.23
新疆	1272180	21.44
四川	680284	11.46
陕西	475503	8.01
山西	372193	6.27
甘肃	350888	5.91
河南	237429	4.00
河北	208963	3.52
山东	111735	1.88

续表

省（区、市）	产量（吨）	产量比例（%）
贵州	90426	1.52
湖北	62896	1.06
辽宁	51390	0.87
重庆	27035	0.45
吉林	12795	0.22
北京	9861	0.17
湖南	7292	0.12
西藏	4849	0.08
广西	4210	0.07
宁夏	4029	0.07
青海	3187	0.05
黑龙江	1506	0.03
浙江	598	0.01
江苏	115	0.00
湖北	62896	1.06
江西	8	0.00
合计	5934635	100

资料来源：《中国林业和草原统计年鉴（2022）》。

第二节　云南核桃产业发展情况

一、核桃生产总体情况

截至2022年底，云南省核桃种植面积4300万亩，与上年持平；产量191.33万吨，较上年增长19.4%；综合产值587亿元，同比增长19.8%，面积、产量和产值仍居全国第一。云南省主要栽培品种有漾濞泡核桃、大姚三台核桃、昌宁细香核桃，占全省种植面积的70%以上。目前，云南核桃全产业链涉及企业4470户，农民专业合作社5311户，其中加工合作社1249户、省级示范社94户；核桃生产个体工商户15152户，其中加工个体工商户1260户。

二、产业发展存在的问题

（一）一产单价低，生产成本高

人工采收为主，采收后机械化程度仅20%~30%，生产成本高；核桃产量不断增加，单价却从2017年的30元/公斤下跌到2020年的10元/公斤，目前回升到12元/公斤左右。

（二）二产产品少，产业链条短

以干果、果仁产品加工为主，高附加值的功能性油脂、蛋白产品少，青皮、壳、分心木等副产物利用不充分。新产品研发创新和精深加工不足，精深加工率仅12%，产业链条短，附加值低。

（三）三产主体弱，销售市场小

2022年，国家级龙头企业仅3个，总产值不到15亿元，不如河北养元一个企业；千吨以上核桃油加工企业仅有16户，产值上亿元仅1户。品牌知名度不高、影响力不大，核桃产品销售渠道窄、市场份额小。

三、提质增效的区域措施

（一）政策保障方面

2022年9月，云南省人民政府办公厅印发了《云南省林草产业高质量发展行动方案（2022—2025年）》，11月云南省委农办、农业农村厅、工业和信息化厅、林草局联合印发了《云南省核桃产业高质量发展三年行动方案（2023—2025年）》；2023年3月，云南省委办公厅印发《研究加快核桃和澳洲坚果产业高质量发展工作专题会议纪要》《研究推进水代生态制取核桃油新工艺新装备研究成果转化工作专题会议纪要》，明确建立财政资金、产业基金、金融资金、社会资金协同发力的稳定投入机制，为核桃产业高质量发展提供了有力保障。

（二）基地提质增效方面

针对核桃种植基地不优的问题，通过品种改良、疏密育冠等技术措施开展基地提质增效。品种改良主要选用漾濞泡核桃、鲁甸大麻1号、鲁甸大麻2号、娘青核桃等品种;采取的主要技术措施有节水灌溉、密度调整、核桃林下复合经营、病虫害综合防控等。同时加大推广"公司+合作社"、"合作社+基地"、公司托管经营等模式,着力提高基地集约化、专业化和组织化水平。2023年云南省林草局统筹9000万元,在全省实施了36万亩核桃基地提质增效。

(三)产地初加工方面

为提升原料供给质量,提升产品品相和品位,实施核桃产地初加工标准化生产线示范项目,实现核桃脱青皮、清洗、干燥、除空瘪果、分级、包装一体化、标准化,着力提升了主产区标准化初加工能力。2018年以来投入2亿多元,建成350多条初加工示范生产线,覆盖了200万亩核桃丰产基地的标准化初加工,提升了核桃品质和品相,核桃干果产品受到市场青睐。据统计,平均每条初加工生产线年加工核桃青皮果1300吨、核桃干果600吨,每吨降本增效2000元左右。云南省通过推动核桃初加工机械化进程,提升了核桃产品质量,促进了产业增效、林农增收,为实现核桃产业高质量发展打好坚实基础,推动了核桃产业发展。

(四)产业链条延伸方面

针对量小质弱的加工弱点,全省围绕打造一批核桃产业发展园区的思路,采取"一园一策"方式,出台核桃产业园区专项支持政策。2023年开始实施年产千吨以上核桃油加工企业以奖代补、梯次奖补政策,促进一批现有企业升级上规;同时,积极争取建立省级核桃油储备政策,推进生态制取核桃油技术装备市场化生产和应用,加快核桃油料化利用步伐。截至目前,云南省核桃油加工产能已突破10万吨,千吨以上核桃油加工企业16户,如云南东方红(漾濞县)、云南核润(凤庆县)、云南厚生生物(永平县)。2023年9月,楚雄州大姚县2000吨水代核桃油规模化生产线正式投产运营。大理永平园区硬核科技公司利用核桃壳加工生产钠离子电池负极材料项目投产运营。休闲食品、乳料制品、蛋白产品、功能性油脂等精深加工提速扩产,核桃青皮、壳等副产物综合利用取得新突破,产业链不断延长,附加值不断提升。青皮、壳等副产物综合利用取得新突破，产业链不断延长，附加值不断提升。

（五）销售渠道拓展方面

针对销售市场打不开的"最后一米"堵点问题，持续推进建设永平、凤庆2个现代化、规模化区域核桃交易市场。云南省林草局与商务厅积极合作，推进林草产品追溯体系建设，开展了核桃产品追溯，为多家核桃生产企业服务，共赋追溯码6.5万个。协调金融机构每年支持坚果原料收储贷款不少于40亿元；坚持招大引强，引进核润科技、善优农业、厚生科技、厦门百度科技等核桃油料、休闲食品加工企业落地云南。坚持线上线下相结合，全方位讲好云南核桃故事，打造云南核桃区域公共品牌。依托中老铁路、环印度洋开放海公铁联运新通道，支持和鼓励企业积极"走出去"，进军国际市场。大理州设立核桃出口贸易协会，推动核桃原料出口俄罗斯、中东等国家。2023年通过举办永平原产地活动、西南（昆明）森林产品博览交易会、国家核桃油及核桃加工产业创新战略联盟第四届年会等系列核桃主题活动，搭建产销对接平台。

（六）科技攻关方面

针对核桃油保鲜技术等关键问题，2023年，加强部门协作联动，林草局与科技厅联合印发《云南省林草科技创新行动方案（2023—2025年）》《云南省林草科技创新联合专项试点工作方案》，支持核桃等重点产业关键核心技术集成示范和成果转移转化。加强院企合作，2022年云南省林业和草原科学院与云南云上普瑞紫衣核桃产业开展有限责任公司联合攻关的"水代生态制取核桃油新工艺新装备研究与应用"技术实现重大突破，一次性提油效率大于90%，生产成本降低一半，油粕的市场价提高近20倍，货架期达18个月以上，填补了国内外相关技术的空白。

第三节　新疆核桃产业发展情况

一、核桃生产总体情况

新疆是我国核桃主产区之一，核桃产量位居全国第二、栽培面积位居全国第五。目前，新疆核桃产业比较集中在阿克苏地区的阿克苏市、温宿县、乌什县和新和县，喀什地区的叶城县，和田地区的和田县与墨玉县等，在南疆区域的阿克苏、和田、喀什地区，核桃面积和产量占全疆的95%以上（见表3-2）。核桃作为新疆特色林果业的重要组成部分，其产量和品质逐年攀升。据统计，截至2022年新疆核桃种植面积达到636万亩，年产量127.22万吨，同比增长6.3%，产值近百亿元。

阿克苏地区温185达到157.22万亩，占总面积的61%；新新2达到67.01万亩，占总面积的26%；扎343达到21.13万亩，占总面积的8.2%。

喀什地区温185达到60.06万亩，占总面积的33.5%；新丰达到45.56万亩，占总面积的25.41%；扎343达到39.17万亩，占总面积的21.85%；新新2达到19.51万亩，占总面积的10.88%；其他品种栽培面积达到14.98万亩，占总面积的8.35%。和田地区新丰达到73.03万亩，占总面积的42.20%；扎343达到68.89万亩，占总面积的39.80%；新新2达到3.59万亩，占总面积的2.07%；温185达到6.34万亩，占总面积的3.66%。

表3-2　2022年新疆核桃主产地区产量情况表

地区	面积（万亩）	产量（万吨）	各县/市	面积（万亩）	产量（万吨）
阿克苏地区	265.48	64.37	温宿	84.6	20.99
			阿克苏	33.41	6.47
			乌什	32.74	8.18
			库车	29.58	4.57
			新和	29.33	6.43

续表

地区	面积（万亩）	产量（万吨）	各县/市	面积（万亩）	产量（万吨）
阿克苏地区	265.48	64.37	沙雅	17.31	4.53
			阿瓦提	16.23	4.48
和田地区	173.07	29.78	墨玉	44.56	13.68
			和田	30.0	7.12
			洛浦	27.5	3.1
			皮山	24.06	3.96
			于田	19.47	2.73
			策勒	14.48	2.48
喀什地区	179.31	34.42	叶城	64.21	13.68
			泽普	33.97	7.12
			巴楚	21.58	3.1
			莎车	17.72	3.96
			麦盖提	15.26	2.73
			疏附	13.53	2.48

注：10万亩以上县市。

二、产业发展存在的问题

（一）政策方面

新疆地处我国西北边陲，与内地省（区、市）距离较远，货物进出通常通过公路、铁路及飞机等方式运输，而新疆核桃运往内地省（区、市）的运输方式还是以公路运输为主。新疆本身区域面积较大，整体面积占全国六分之一，道路通勤情况及天气情况复杂多变，在核桃运输过程必然会有一定的运输损耗。新疆距离内地省（区、市）远，在核桃运输方面没有给予相关政策扶持，在一定程度上增加了新疆核桃运输成本，影响了新疆核桃的销售，制约了当地产业的发展和农民的增收。

（二）科技方面

新疆核桃产业技术推广应用方面还存在一定的不足，核桃主产区机械化程度低，机械化生产应用大户和机械技术服务保障组织不多，很大程度上无法适应当前的技术推广和应用。需破解新疆核桃产业"卡脖子"科技储备项目不足，同时，基层核桃产业技术支撑能力薄弱，技术应用和推广机构较少，技术人员缺乏，培训能力不足。无论是从经营理念还是科学管理水平方面，都不能有效支撑核桃产业发展。

（三）市场开拓

新疆核桃市场营销和品牌度略显不足，与内地省（区、市）在核桃市场宣传和品牌建设方面的差距较大，对市场的开拓有待提升。大多数主产区的核桃种植农户以统销方式进行销售，品种混杂，没有进行分级处理、分级销售，一定程度上影响了新疆核桃在市场上的产品品牌形象和口碑。核桃产品品牌销售流通体系和网络营销体系建设相对落后，系统化、标准化模式需要加大投入建设，否则会制约新疆较偏远地区核桃种植农户产品的外销。

（四）产品深加工

核桃加工产业起步较晚、精深加工产品种类少，核桃产业链向下游延伸缓慢，尚未跳出核桃产品种类单一、核桃收益较低的发展模式。同时，核桃加工产业由于缺乏相关产品和技术，导致核桃残次果难以实现加工利用，核桃青皮、壳、分心木等加工副产物无法实现再利用来产生价值，导致核桃加工生产利润空间收窄，产业竞争力降低。在核桃精深加工与综合利用方面，喀什、和田、阿克苏等地区主要是将核桃加工成核桃油、核桃粉（蛋白）、核桃乳饮料以及休闲食品，目前尚处于起步阶段，开发潜力巨大。核桃加工后，会产生大量的副产物，如核桃粕、青皮、壳、分心木等，目前对这些副产物的综合利用水平较低。

三、提质增效的区域措施

（一）政策方面

表3-3　新疆核桃产业发展政策表

时间	发布部门	政策名称	内容
2021年2月	新疆维吾尔自治区人大常委会	《新疆维吾尔自治区国民经济和社会发展第十四个五年规划和2035年远景目标纲要》	"十四五"末，全区林果面积稳定在2200万亩左右，果品产量达到1200万吨左右

续表

时间	发布部门	政策名称	内容
2022年1月	新疆维吾尔自治区人民政府	《2022年自治区政府工作报告》	深入实施林果业提质增效工程，推动林果业标准化生产、市场化经营、产加销一体化发展，让新疆林果"金字招牌"更加响亮
2023年1月	新疆维吾尔自治区人民政府	《2023年自治区政府工作报告》	打造以"八大产业集群"为支撑的现代化产业体系，深入实施林果业提质增效工程，推动标准化果园和示范园建设，推进重点水果批发交易市场建设改造和产加销一体化项目建设，力争全区果品产量870万吨

（二）科技方面

新疆围绕"八大产业集群"和种业等特色优势领域，实施一批重大创新工程，积聚力量进行原创性、引领性和"卡脖子"关键核心技术攻关，加大科技成果转移转化和产业化，促进产业链、创新链的深度融合。开展实施人才强区战略，实施"天山英才""天池计划"等自治区重点人才计划项目，用好100亿元人才基金，抓好人才工作重要政策落实、重大项目实施、重点人才服务，搭建干事创业平台，提高人才自主培养质量和能力，积极为人才松绑、减压、赋能，千方百计留住、用好现有各类人才，加快引进高端人才，在全社会努力营造尊重人才、爱护人才、帮助人才的浓厚氛围。

（三）市场流通方面

新疆在促进各类市场主体竞相发展，切实落实"两个毫不动摇"，实施建设高标准市场体系行动计划，全面落实市场准入负面清单制度，让各类市场主体平等进入、公平竞争。加快推进农牧等领域打造一批龙头骨干企业。实施市场主体倍增行动和民营企业培优工程，依法保护民营企业产权和企业家权益，健全支持中小微企业发展长效机制，多措并举为民营企业、中小微企业和个体工商户纾困解难。

（四）产品加工方面

针对新疆核桃产业精深加工不够的问题，新疆通过"两重"项目"新疆核桃油精深加工关键技术研究""新疆核桃油与核桃粕精深加工关键技术研究"的实施,为新疆核桃产业强链、补链奠定了坚实的基础。

第四节 四川核桃产业发展情况

一、核桃生产总体情况

四川是我国核桃种植大省,2022年种植面积达1630万亩,居全国第二位,总产量为68.0万吨,居全国第三位。在四川183个行政县(市、区)中,核桃广泛分布于除川西高原外的全省150余个县(市、区),但主要分布于川西和川北山地区(见表3-4)。

表3-4 四川省核桃栽培区划分表

栽培区	栽培面积占比	地貌类型	气候类型	主要市州和区县	主要栽植品种	说明
川西高山峡谷核桃栽培区	约10%	高山峡谷	半湿润、半干旱至干旱气候	甘孜州(泸定、康定、九龙、雅江、稻城、乡城、得荣、巴塘)、阿坝州(汶川、茂县、黑水、马尔康、小金、丹巴、理县)、雅安(宝兴)	盐源早、客龙早	与藏南产区条件相似
川西南山地泡核桃栽培区	70%以上	高原山地低山	半湿润至半干旱气候	凉山州全部县市、攀枝花市(全部县市)、雅安(汉源、石棉)、乐山(峨边、马边、金口河区)	盐源早、紫玥、康乌4号、状元黄	与云南产区连接
四川秦巴山区核桃栽培区	约15%	低山	湿润气候	广元(朝天、青川、平武、旺仓)、巴中(南江、通江)、达州(万源)	盐源早、旺核2号、硕星、青川1号	与陕西南部和甘肃东南部产区连接
四川盆地中部核桃栽培区	5%以下	低山丘陵	湿润气候	绵阳、德阳、遂宁、南充、内江、广安等	盐源早、云新云林、清香、惠耀	

资料来源:四川省林业和草原局。

四川核桃以广元市和凉山州为重点发展市州(见表3-5),广元市2022年全市核桃产量达24.82万吨，较2021年增加1.24万吨，同比增长5.26%，已成功选育11个省审定（认定）核桃良种，并成功创建国家朝天核桃林业产业示范园区1个，省级核桃园区和培育园区各1个，市级核桃园区8个。

表3-5　2022年四川省核桃主产地级市/州、县/区核桃产量情况表

市/州	面积（万亩）	产量（万吨）	县/区	面积（万亩）	产量（万吨）	备注
广元市	200	24.82	朝天区	50	5.6	—
			旺苍县	50	5.0	—
			昭化区	10	1.7	—
凉山州	884.34	22.82	盐源县	116	6.5	去皮鲜果
			宁南县	92	7600	—

2022年，朝天区核桃产量连续14年居全省县区首位。该区内设有核桃杂交培育室等，从育种到生长过程都实现了信息化和数字化，建成全省首个核桃博览馆，朝天区核桃良种化率达84%，示范园区内良种化率90%以上，农民人均核桃收入超过4000元。

旺苍县核桃种植产值突破10亿元。旺苍县国营苗圃是旺苍县林业局直属事业单位，2021年被确定为国家核桃良种基地，创建秦巴山区省级林木种质资源库，先后收集以川、陕、甘为主及美国红仁等123份115个品种；现培育旺核1号、旺核2号、青川1号、硕星4个品种，年产穗条100万芽以上。昭化区主要品种有广丰、硕星、利丰等。昭化区通过强管理、抓改良、树品牌、拓市场的发展思路，核桃品质不断提升，产业链条不断延伸。凉山州通过建立"大凉山核桃科技产业园区""核桃、山核桃种质资源库"，着力开展良种引繁、地方优良品种选育、嫁接改良等关键技术、产业链开发和品牌打造，进行科研攻关、技术服务。全州紫玥等15个核桃优良种品种已通过省级林木良种审（认）定，已申报国家新品种2个。

宁南县核桃产业示范建设项目被确定为2022年"天府森林粮库"示范建设项目，该县通过建立企业和专业合作社等组织形式，探索现代林业发展模式，提高产业效益和竞争力。盐源县核桃产业发展面积约116万亩，其中挂果面

积约70万亩,栽培品种以国家认定良种和省级审定良种的盐源早为主,良种推广率约50%。

二、产业发展存在的问题

①四川核桃种质资源不清、主栽品种混乱、栽培体系不健全。生产中长期品种不清、良种化程度低、经营管理水平不高、病虫害危害严重,大面积核桃林低产低效,严重制约了其应有的经济价值和生态效益。

②现行种苗受采购制度制约。制度和人员认知缺乏导致劣质苗中标或以劣充优现象,大量非良种劣质核桃种苗、穗条上山,造成大量核桃低效林。

③管理技术落后,低效林占比大。不结果或结果品质差的低质低产林面积大,影响农民发展核桃产业的积极性。

④核桃采收方法落后,果品质量混杂。脱青皮以传统的堆沤方法为主,腐烂导致核桃坚果的品质与商品价值低。

⑤核桃产品精深加工技术缺乏,品牌效应差、产业链短、经济效益潜力没有得到挖掘、产业化进展缓慢。

三、提质增效的区域措施

①开展种质资源收集,加速良种选育进程。发掘适合在当地栽培的核桃良种,培育具有自主知识产权、特色突出的区域性核桃主栽品种。

②建设高质量基地,实施集约化栽培。对于新发展的核桃林要实行种苗良种化、栽培集约化和基地化,提高管理水平,大幅提高核桃的单位面积产量和质量。同时提升加工能力,增加附加值,拓宽销售渠道。

③改进采收方式,提升坚果品质和拓展产业链。大力推广核桃机械采收烘干设施,发展核桃产品深度开发,延长产业链条,提高综合效益。

④加大科技支撑力度,提升科技贡献率。建议从品种选育、良种推广、基地建设、经营主体培育、产业链拓展等多方面发力,提高科技含量、提升科技贡献率。

第五节　陕西核桃产业发展情况

一、核桃生产总体情况

陕西核桃栽培历史悠久，分布广泛。特别是1958年"商洛每户种一升核桃"指示发表后，激发了人们种植核桃的积极性，促进了核桃产业的快速发展。目前核桃在全省11个市实现了全覆盖，已成为全国核桃重点产区。截至2022年底，核桃基地县（市、区）67个，核桃产量41.53万吨，栽培面积1029.7万亩，产值71.3亿元。产量和面积分别在全国排名第四和第三。其中商洛市被中国经济林协会授予"中国核桃之都"称号，洛南县、黄龙县、宜君县、陇县、镇平县和渭南市临渭区被国家林业和草原局或中国经济林协会授予"中国核桃之乡"称号。

根据气候、地形和土壤特点，陕西核桃从南到北划分为秦巴山地区、关中区和渭北区三大栽培区。秦巴山地区商洛市是陕西省核桃第一大市，面积、产量均居全省各市首位；安康市栽培面积位居全省第二，产量位列全省第四；宝鸡市核桃面积位列全省第三，产量位居全省第二。

陕西作为核桃的优生区和传统栽培地区，目前实生核桃与良种核桃并存，选育和引进的核桃品种有40多个。主栽品种有香玲、鲁光、清香、西扶1号、西林3号、辽核1号系列、中林1号系列等，近年来，新发展区栽植部分强特勒和特色红仁核桃品种。

黄龙县核桃栽培面积超过20万亩，年产核桃2万吨以上，产值2亿元以上。该县在标准化建园、规模化发展、良种化栽植、科学化管理等方面均处于国内领先水平，成为陕西核桃产业发展典范，被国家市场监督管理总局批准为"国家矮化核桃标准化示范区"，并通过国家地理标志产品保护认证。

商洛市核桃种植遍及7个县（市、区）98个镇办，覆盖98%的农户，2022年底，核桃栽植面积329.8万亩，总产量14.3万吨，先后被授予"中国核桃之都""陕 西省核桃产业发展强市""中国特色农产品优势区"等称号。"商洛核桃"被国家市场监督管理总局注册为地理标志证明商标产品。商洛盛大实业股份有限公司于2019年审定核桃新品种——"红仁核桃",示范推广面积5.5万亩。不仅丰富了我国核桃品种资源,改变现有品种结构,满足消费者的高端需求,而且解决了我国核桃品种特色不明显、市场供过于求、产品同质化严重和价格低迷、经济效益不高的问题。

二、产业发展存在的问题

(一)政策方面

产业发展资金严重不足。群众缺少产业发展资金,市、县(区)产业资金扶持力度有待加强。"十三五"期间,市级产业资金只落实了1550万元,扶持引导效应不够明显。

(二)科技方面

科技服务体系不健全,科技研发平台和推广服务体系建设滞后,核桃专业技术人员严重不足,科技服务滞后。群众普遍对核桃科学管理认识不足,粗放管理观念根深蒂固,要实现全民科学管理还需坚持不懈努力。商洛市核桃分布广泛,几乎村村皆有种植,科技服务满足不了实际需要。管理粗放,品种混杂,良种品种化程度较低,品质良莠不齐,区域品种化、规模化发展力度不够,市场竞争能力不强。科技普及率偏低,病虫危害比较严重,全市还有100万亩低产低效核桃园需品种提纯嫁接改造,综合科管任务十分艰巨。

(三)市场方面

经营管理机制不够灵活,分户所有与规模化经营的矛盾依然突出。目前大多数青壮年农民出外打工增加收入,农村留守人员多数是妇女、儿童、老人,仅靠这些人无法熟练掌握核桃丰产栽培技术,无法完成核桃园科学管理的繁重劳动,规模化经营管理措施难以实施到位。一家一户的核桃生产经营方式已不再适应新形势发展的需要,必须改变经营管理机制,正确引导土地合理流转,大力发展集约化经营、规模化生产。

产品营销手段落后。商洛核桃历史、文化底蕴深厚,但在宣传上投入少、不给力、手段落后，目前仍停留在就核桃说核桃、就产品抓产品，没有挖掘出商洛核桃潜在的文化优势，核桃产品中文化元素含量低。加之产品促销手段陈旧，市场和产品不匹配，市、县（区）至今没有规模较大的核桃专业交易市场，核桃产品的知名度、影响力、市场竞争力不强。销售缺乏专业团队，互联网作用发挥不充分，线上线下融合欠佳，销售渠道单一，售后服务体系不健全，社会化服务水平低。

（四）产品加工方面

核桃产品加工能力较低。目前商洛市核桃产品加工企业数量少，规模不大、起点不高，核桃深加工产品的品种较少，仍是以买原料为主，产量低，品种单一，产业链短，开发利用滞后，多数仍停留在加工核桃仁等初级产品阶段，核桃产品的附加值低，商洛核桃的内在价值没有真正得到有效发挥。缺乏真正代表商洛核桃产能的大中型加工企业。没有真正形成核桃产品龙头企业，与"中国核桃之都"地位相去甚远，缺乏像河北养元这样科技含量高的大型核桃产品加工企业，仅有的核桃加工企业尚难发挥龙头企业的辐射带动作用。

三、提质增效的区域措施

（一）政策保障

陕西省委、省政府及地方各级党委政府高度重视核桃产业发展，把核桃产业与区域经济建设、脱贫攻坚和乡村振兴有机结合，统筹安排，常抓不懈，全力推进。坚持一张蓝图绘到底，把小核桃做成大产业。经过多年发展，已形成了"北有黄龙、南有商洛"两个核桃产业高地。省政府于2010年出台了《关于加快推进核桃等干杂果经济林产业发展的意见》，制定了核桃产业发展规划和支持核桃产业发展的相关配套政策。商洛市委、市政府制定了《关于加快核桃产业提质增效的意见》《关于鼓励扶持核桃产业实施意见》《关于大力推进核桃产业规模化经营的实施意见》《关于大力发展红仁核桃特色产业的实施意见》等一系列政策和措施，明确了核桃产业发展的思路、目标和保障措施，促进了核桃产业持续健康发展。

（二）基地提质增效

经过数十年的不懈努力，陕西核桃基地已达千万亩规模。核桃产业在地方经济建设和乡村振兴中发挥了重要作用，但也存在许多不容忽视的问题。诸如良种率低，管理粗放；销售价格持续低迷，劳动力成本上涨，经济效益不高；部分地方为落实确保基本农田红线而砍树毁园的现象时有发生。面对这一形势及时调整发展战略，即由传统的数量扩张型向质量效益型转变，重点是品种升级，提质增效。具体措施：一是控制面积无序扩张。重新调整发展规划，严格控制新建园面积。对立地条件过差，品种不适宜、栽培效益低下，且无改造前途的核桃园下决心淘汰。二是优化品种结构。按照市场需求，通过对现有园高接换优手段，在适宜地区发展特色红仁核桃、大果型且成熟期早的鲜食品种、含油率高的榨油专用品种等。三是实施增产措施。针对核桃园存在的主要问题，因地制宜实施改良品种、调整密度、垦复扩盘、科学施肥、整形修剪、预防霜害、控制病虫等技术，力求达到提质增效。

（三）产地加工增值

目前陕西核桃加工企业30多家，但规模都不大。主要产品有核桃油、核桃蛋白粉、核桃露、琥珀核桃、五香核桃、蜂蜜核桃、椒盐核桃、脱衣核桃仁、核桃软糖、核桃酥糖、核桃酪、核桃休闲小食品等。在副产品研发方面，商洛盛大实业股份有限公司依托本市及周边地区丰富的核桃壳资源，开发出6个大类23个系列产品。广泛用于石油开采堵漏、化工材料、机械抛光、水质净化、化妆品、宠物床材等行业，获多项国家发明专利。该项目延长核桃产业链，提高附加值，开发前景十分广阔。今后除已有产品外，力争在核桃功能食品和医疗保健品研究等方面有新的突破。

（四）市场和平台建设

陕西在主产区建有不同规模的市场20多处。洛南县政府与新华社旗下的中国经济信息社联合，于2019年建立了"新华·全国核桃价格指数发布平台"，为生产者和经营者较为准确地提供核桃产业链各环节价格走势指数。该价格数据采集系统汇集了云南、新疆、陕西、四川、山西、河南、河北、甘肃8个核桃主产省区、24个主产县核桃坚果和核桃仁价格信息，旨在精准反映我国核桃价格变化水平，为政府监测、科学种植、贸易决策提供风向标、晴雨表和避雷针。

近年来商洛市集中打造中国·西北核桃交易中心、中国·商洛核桃文博馆、核桃电商平台、商洛核桃大市场等一批核桃市场交易、文化交流载体。洛南县投资3.2亿元，建成占地164.5亩、建筑面积7.8万平方米，西部地区规模最大的集研发、加工、贮藏、交易、物流、销售于一体的现代化多功能核桃产业园区。吸纳10余家加工企业、12家电商企业、32家合作社入园，年可加工核桃干果、核桃仁67万吨，仓储物流核桃可达100万吨，实现产值65亿元。初步形成了买全国、卖全球的市场格局。

（五）产品销售

各级政府通过制定出台退税优惠政策，为企业在检疫、检测、运输、出关等方面提供优质便捷的服务等，支持企业从事核桃国际贸易，发展外向型经济。企业通过提高产品质量、组建贸易团队、建立贸易窗口、加大国内外市场开发力度等措施，近年来核桃及核桃副产品贸易量逐年增加。陕西核桃国内销售主要为河北、安徽及东南沿海加工企业和商超，出口目的国为俄罗斯、阿联酋、土耳其、哈萨克斯坦、吉尔吉斯斯坦等。近年来商洛盛大实业股份有限公司产品累计出口3000多吨，销售额1.5亿元。

（六）科技攻关

陕西核桃科研力量雄厚，从事核桃研究的机构有西北农林科技大学、陕西省林科院、省核桃产业创新战略联盟、省林业技术推广总站、商洛市核桃研究所、渭北核桃研究中心等，从事核桃科研及推广人员200多人，其中知名专家和学术带头人8人。研究人员围绕核桃产业发展的技术瓶颈进行深入研究，联合攻关，在品种选育和引进、高效栽培技术、配方施肥、病虫害防控及低产林改造等方面取得重大突破。先后承担国、省及行业重大科技项目50余项，获国家科技成果二等奖2项，省部级科技成果一、二等奖5项，其他奖18项。编写出版核桃著作和科普书籍30余本，制订核桃行业标准和有关地方标准6个，撰写发表论文300余篇，为核桃产业发展提供了有力的技术支撑。

第六节　重点县区核桃产业发展情况

一、甘肃陇南成县核桃产业发展情况

（一）成县核桃生产总体情况

成县位于甘肃省东南部秦岭山脉西南端丘陵河谷地带,属暖温带半湿润气候,为我国核桃适生区之一。近年来,成县紧紧围绕规模化发展、品种化栽培、园艺化管理、产业化经营的"四化"发展目标,2023年全县核桃种植面积达51万亩(见表3-6)、1100多万株,其中清香核桃品种约600万株,香玲、陇南755、陇南15号及其他当地农家品种约500万株,清香品种占到成县核桃总面积的55%,占到良种面积70%以上;农民户均栽植核桃250株,核桃坚果产量4.16万吨,产值5.22亿元,人均核桃经济收入2610元,占全县人均收入的20.1%。核桃产业已成为成县种植面积最大、受益人口最多的主导特色产业,为推进当地乡村振兴、切实增加农民经济收入作出了重要贡献。成县已拥有"中国核桃之乡""国家级核桃标准化生产示范基地""国家核桃良种基地""国家地理标志保护产品""中国优质核桃基地重点县""国家林下经济示范县""国家地理标志保护证明商标"等7张国家级名片,2023年"成县核桃"又获欧盟商标注册。但成县核桃产业发展存在核桃产量低、品质差的不足,价格持续走低;核桃树管理劳动力严重短缺,精深加工科技含量不高,同质化严重,产业链条短;营销市场开拓创新滞后,核桃销售渠道单一,销售能力不高等问题。

表3-6　成县核桃生长重点乡镇情况

序号	乡镇	面积(万亩)	产量(万吨)	产值(万元)	占比(%)
1	鸡峰	5.43	4.43	5562.5	10.6
2	城关	3.78	3.08	3866.3	7.4
3	宋坪	3.49	2.85	3577.9	6.8
4	索池	3.42	2.79	3501.8	6.7

序号	乡镇	面积（万亩）	产量（万吨）	产值（万元）	占比（%）
5	黄陈	3.37	2.75	3450.5	6.6
6	纸坊	3.24	2.64	3318.0	6.4
7	陈院	3.02	2.46	3095.4	5.9
8	镡河	2.99	2.43	3059.2	5.9
9	沙坝	2.94	2.40	3015.3	5.8
10	小川	2.86	2.33	2929.2	5.6
11	苏元	2.84	2.32	2911.6	5.6
12	抛沙	2.82	2.30	2888.3	5.5
13	王磨	2.79	2.27	2854.1	5.5
14	红川	2.78	2.27	2846.2	5.4
15	店村	2.36	1.92	2412.1	4.6
16	二郎	1.44	1.18	1479.6	2.8
17	黄渚	1.43	1.17	1465.4	2.8
合计		51.00	41.57	52233.3	100

（二）提质增效的区域措施

1. 政策保障方面

成县抢抓乡村振兴建设等国家重大政策机遇，积极争取国家、省、市、县产业建设资金，有力推进核桃产业提质增效。2023年，成县人民政府印发《成县2023年核桃产业提质增效建设方案》，成县核桃现代农业产业园区被认定为省级现代农业产业园区，全年累计投入核桃产业建设资金800多万元。

2. 基地提质增效方面

按照高质高效管理要求，成县组织发动林草、乡镇、驻村单位、专业技术等部门建设力量，以示范乡镇、示范村、示范园、示范企业、示范户为五大抓手，全面落实整地除草、配方施肥、嫁接换优、整形修剪、病虫害防控、采收加工等关键技术措施，建成了张湾等17个县级核桃高效示范园，培养了100家核桃新型示范户，充分发挥先进典型示范带动作用，有效调动全县广大群众积极投入核桃产业提质增效建设。

3. 产地初加工方面

充分利用成县核桃品质优良,富含多种有益微量元素等优点,做好以青皮鲜果、核桃坚果、核桃仁等产品的初加工销售工作。2023年共销售清香核桃青皮鲜果1000多吨,每亩收入3000~5000元,全县青皮鲜果销售收入5000元以上的农户达100多家,10000元以上的农户达20多家,最高达60000多元。

4. 产业链条延伸方面

充分发挥成县核桃国家地理标志保护产品、欧盟商标等品牌效应,引导加工生产企业按照市场和消费人群需求,研发多种类的核桃新产品,延长产业链条。2023年共建成甘味九源、陇小南、同谷家裕、仲鑫园4条核桃深加工生产线,引导11家企业(合作社)使用成县核桃商标,并申报注册甘味食品5个,有力促进成县核桃深加工销售,增加核桃产业经济效益。

5. 销售渠道拓展方面

2023年,成县采用多方式、多渠道、多产品形式将核桃销售出去。一是创新开拓青皮鲜核桃销售市场,将成县核桃抢先卖出去;二是巩固核桃原材料销售市场,将成县核桃以核桃果、核桃仁等原材料卖出去,2023年向河北养元公司订单销售核桃仁1000多吨,经济收入达2000多万元;三是做好休闲干果、休闲早餐、休闲面点等系列产品的研发与销售市场,将成县核桃以休闲食品卖出去;四是积极响应国家"一带一路"倡议,充分利用"成县核桃"欧盟商标、甘味食品等亮丽名片,积极开拓成县核桃外贸销售市场,首次实现了核桃仁出口,销往马来西亚、吉尔吉斯斯坦、俄罗斯、日本等国家,累计成交额10多万美元;五是科学做好核桃油精深加工与销售市场,将成县核桃以油系列产品卖出。

6. 科技攻关方面

成县高质量实施国家核桃良种基地建设,面向全国收集保存优良核桃种质资源,扎实开展核桃基础科技研究,持续开展以杂交育种为主的核桃新品种选育工作。2023年12月,成县自主选育的陇核3号、硕香1号、乌香2号等7个核桃新品种获得国家植物新品种授权;2023年春季引进红仁核桃新品种,在红川镇丁家沟、苏元镇水坝村建设红仁核桃示范基地400亩，进一步丰富了成县核桃种质资源。

二、山西汾阳市核桃产业发展情况

（一）核桃生产总体情况

汾阳是古汾州治地，2022年核桃种植面积达到3.6万公顷。2000年汾阳市被国家林业局命名为"中国名特优经济林核桃之乡"，2008年汾州核桃被列为"国家地理标志产品"。"汾阳市核桃良种繁殖试验园"被国家林草局命名为"国家级林木良种基地"，收集保存了230余份核桃种质资源，并建立了乡土核桃、白水核桃2个小众核桃种质资源收集区，为新品种选育奠定了基础。作为传统的核桃老产区，该市种植品种在2018年以前以实生核桃、晋龙2号为主，随着核桃高接换优统一品种的建设，礼品2号占到全市总面积35%以上，晋龙2号、中林系列占到30%，核桃种植主要分布在该市丘陵地区5个乡镇（见表3-7），2022年全市年加工量达到20万吨，年出口额近2000万美元。但汾阳市核桃产业存在种植环节品种杂乱、专用品种选育滞后、加工环节加工产品同质化严重、流通环节储藏冷库建设滞后的问题。

表3-7　汾阳市核桃重点乡镇情况统计表

镇名	面积（万亩）	产量（万吨）	备注
栗家庄	18.0	1.08	礼品2号
杨家庄	13.0	0.52	晋龙2号
峪道河	10.0	0.45	礼品2号
石庄	10.0	0.30	实生核桃
三泉	3.0	0.12	礼品2号

（二）提质增效措施

1.加快专用品种选育

充分发挥汾阳市山西干果实训学院的平台作用，整合吸引国内外专家在汾阳市核桃良种繁殖试验园开展油用、鲜食、加工等专用品种的选育,特别是利用已收集的白水核桃种质资源,尽快选育出适宜鲜食的白水核桃品种,满足市场需求。

2. 将储藏冷库建设纳入政策扶持范围

据测算,普通设施仓储的核桃干果和仁的仓储时间最多3个月,而采用节能型机械冷库,则可以将仓储保质时间延长到3年,参照国家和省级鲜活农产品仓储冷链物流设施补助标准,将干果经济林产品的仓储冷链设施建设也纳入补助扶持范围,促进核桃加工业持续发展。

3. 加快核桃新产品研发,避免同质化竞争

立足汾阳市实际,以山西干果产业研究院为平台,开发核桃、小米、长山药等混合代餐粉,适宜晋龙2号核桃的榨油新技术,适宜礼品2号的鲜果储藏技术等,以新技术、新产品形成新质生产力,实现核桃产业种、加、销全产业链的提质增效。

三、河北涉县核桃产业发展情况

(一)核桃产业总体情况

涉县隶属于河北省邯郸市,其核桃产量高、品质优。2004年涉县被评为"中国核桃之乡",2005年涉县核桃被纳入国家地理标志产品保护,2007年涉县核桃入选"2008北京奥运会推荐果品"。作为华北地区较早发展核桃产业的区域县,从20世纪80年代起,涉县就在全县范围内开展核桃优良品种选育,目前已经选育出冀丰、里香、屹蜡铺等新品种,引进早实核桃新品种20个、晚实核桃新品种9个,其中辽核1号、辽核7号、清香、晋龙1号、里香及辽核5号表现较好,主要分布在偏店、偏城、索堡、鹿头等(见表3-8),总面积达43.3万亩,产量在1.5万吨左右,占邯郸市核桃产量的一半以上。截至目前,核桃占整个林产品产值的40%以上,是当地农村的主导产业之一。

表3-8 涉县各乡镇核桃种植面积统计

乡镇	面积（万亩）	产量（万吨）	面积（亩）	备注
偏店			4.05	辽核1号
鹿头			3.92	辽核1号
偏城			3.74	辽核1号
索堡			3.45	辽核1号
河南店			2.47	辽核1号
固新			2.47	辽核1号
井店			2.44	辽核7号
神头			2.40	辽核7号
合漳	43.3	1.5	2.37	辽核7号
木井			2.25	辽核7号
更乐			2.21	清香
涉城			2.21	晋龙1号
西戌			2.04	清香
辽城			2.00	香玲
龙虎			1.90	礼品1号
西达			1.79	冀丰
关防			1.61	香玲

资料来源：各乡镇推广站。

（二）提质增效具体措施

涉县以薄皮核桃品质最佳，含油量高达60%，口感香脆，营养丰富。到2025年，核桃产业由传统数量增长型向现代质量效益型转变，为了进一步增强涉县核桃的市场竞争能力，在核桃产业提质增效方面具体措施如下。

1. 良种化建园，品种结构进一步优化

首先，发展优良品种，良种化建园。选用适应本地气候、土壤条件，表现好的优良品种，核桃主栽品种有辽宁1号和清香。其次，低产园提质增效，进行高接换优。在全县实施了经果林提质增效工程，近3年累计修剪核桃树20余万亩、高接换优10多万株，果品质量明显提高。最后，积极探索以加工为导向的新

果园建设,改变目前以食用干果、果仁为主的核桃产业发展状况。

2. 规模化经营,产业结构进一步调整

首先,在稳定和完善土地和林地承包经营权基础上,坚持"依法、自愿、有偿"原则,积极开展了土地流转工作。其次,鼓励和支持资本参与林果产业发展,建立和完善了多元化、多形式、多渠道的投入机制。运用现代果业栽培模式,实现"公司+基地+农户"的产业化经营之路,精心培育了现代果品示范基地10000余亩,示范点10多个,带动群众发展林果产业,促进了林果业由量多向质优、由传统向现代的转变。同时,以林果业为支撑,农旅结合,发展生态旅游,使其成为新的经济增长点。

3. 规范化管理,果品质量进一步提升

一是积极推广精细化修剪、果园生草、果药间作、增施有机肥、节水灌溉、病虫害综合防控、采后处理等生产技术措施,将核桃平均亩产量稳定在300斤,最高产量达到800斤,商品果率85%以上。二是发展新质生产力,人才是关键,通过培养农村实用技术人才和农民技术能手,以加速农村科技进步为目的,涉县林业部门以示范基地为平台,深入田间地头举办各类培训班,组织群众现场观摩,实现科技赋能农业生产。

第七节 几点启示

我国核桃分布广泛、资源丰富、品种繁多、区域优势明显,面积和产量居木本粮油首位,在山区农民增收致富、国家脱贫攻坚中起到了十分重要的作用。但是,随着农村产业结构调整,核桃产业进入"由量变到质变"的发展阶段,由简单的"规模效益"向"提质增效"转变,核桃产业的发展暂时遇到了困难。如何将"挑战"转变成"机遇",向核桃产业要效益,针对本章内容,得到以下几点启示:

①明确区域定位,发挥资源优势,筛选区域主栽品种,选育油用、蛋白、鲜

食等特色品种，为精深加工、提质增效奠定品种基础；

②加强科技支撑，强化容器大苗繁育、轻简化栽培、机械化采收和精深加工等关键技术，创制与核桃区域主栽品种配套的全产业链标准化高效生产技术体系；

③结合区域特点，把握政策导向，立足国内市场，开拓国际市场，发挥市场潜能，关注个性化消费群体，开发多元化产品，创新产业经营模式，实现核桃产业新的跨越式发展；

④兼顾多重效益，实现生态效益优先，生态效益、经济效益和社会效益有机结合，贯彻落实好习近平总书记"绿水青山就是金山银山"的发展理念。

第四章

核桃产业发展重点企业

第一节　引　言

在当前社会经济发展的大背景下，乡村振兴已成为国家战略的重要组成部分，旨在全面提升农村地区的综合实力和居民生活水平。核桃产业是农业经济的重要组成部分，其发展对于促进农村经济增长和提高农民收入具有显著的推动作用。随着消费者对天然、有机和营养食品需求的不断增长，核桃产业的全球影响力也在不断扩大。核桃不仅因其丰富的营养价值而受到青睐，还在食品工业、生物制药、美容保健等多个领域有着广阔的应用前景。核桃产业发展中的重点企业犹如璀璨的星辰，引领着整个行业的发展方向，塑造着核桃产业的未来。这些重点企业通过科技创新、产业链整合、品牌建设等多元化手段，不断提高核桃产品的附加值和市场竞争力，推动了整个产业的升级和竞争力提升。

重点企业在核桃种植、加工、销售等各个环节中发挥着举足轻重的作用。它们致力于加强种植技术的研究和应用，以提高核桃的产量和品质；采用先进的加工工艺，丰富核桃产品的种类和提高精深加工的能力；借助强大的营销网络，将优质的核桃产品推向全国乃至全球市场。这些企业的不断努力和创新，让核桃这一传统食品焕发出新的生机与活力，成为健康食品的新选择。为了确保核桃产业的可持续发展，企业需要关注环境保护和社会责任，采取可持续的种植和加工方式，保护生态环境，并为当地经济社会的发展作出贡献。通过这些努力，核桃产业的重点企业不仅能够推动整个行业朝着更加绿色、健康的方向发展，还能实现自身的经济效益最大化，是引领带动乡村全面振兴和农业农村现代化的生力军，是打造农业全产业链、构建现代乡村产业体系的中坚力量，是带动农民就业增收的重要主体，在加快推进乡村全面振兴中具有不可替代的重要作用。

第二节 云南摩尔农庄生物科技开发有限公司

一、企业基本情况

云南摩尔农庄生物科技开发有限公司成立于2006年,是以核桃全产业链研发为主,集有机食品、功能性食品和民族药研发、种植、加工、生产、销售于一体的科技型企业。通过多年技术累积和科研创新,公司逐渐完善并巩固了企业的技术核心优势,已形成完整的核桃与科技结合的核桃全产业链发展态势。公司现已发展成为农业产业化国家重点龙头企业、国家重点林业龙头企业、国家重点军民融合发展民营企业、国家知识产权示范企业。公司党支部被中共中央表彰为"全国先进基层党组织"。公司被中华人民共和国国务院表彰为"全国民族团结进步模范集体"。公司工会被中华全国总工会授予"全国模范职工之家"称号。公司获"中国专利优秀奖""国际发明金奖""云南省科技进步奖特等奖"等荣誉。

为实现成为"中国核桃产业领军品牌"这一目标,公司牵头,联合中国科学院昆明植物所完成了核桃基因破译、基因转录组破译、功能因子分析,完成对核桃的营养、功能、保健成分方向的基因研究,使核桃产业进入分子生物学时代,为核桃产业链的精深开发和核桃营养学提供方法、指明方向。摩尔农庄检验检测中心获国家检验检测机构资质CMA认定。公司设立"国家新药开发工程技术研究中心楚雄民族药基地""食药同源资源开发与利用教育部工程研究中心""云南省核桃加工关键技术工程研究中心",牵头组建"云南省核桃产业技术创新战略联盟"和"云南省核桃产业知识产权战略联盟",还与全国粮油标准化技术委员会油料及油脂分技术委员会共同成立"核桃油系列国家标准验证联合实验室"。"核桃油系列国家标准验证联合实验室"的成立将致力于核桃油系列国家标准、行业标准的建立和完善,引领和规范核桃油行业及技术进步,大力推动核桃油行业的健康发展。为了更好地促进核桃油加工产业健康发展,经国家粮食和物资储备局、中国粮油学会等部门备案与中粮联合推动成立"国家核桃油及核桃加工产业创新战略联盟"。

截至目前,摩尔农庄已获4个保健食品批准文号,147项国家专利;引领中国食品安全放心工程参与《航天级食品核桃乳》《航天食品原料压榨核桃油》等航天级食品标准,以及全国粮油标准化技术委员会油料及油脂分技术委员会《核桃油》《油用核桃》《核桃饼粕》等国家、行业标准制/修订;参与审查《核桃蛋白粉》《核桃油质量安全生产技术规范》《粉末油脂》等油料油脂团体标准;起草了《云南核桃烘烤标准》;参与制定的团体标准《云南省校园食品安全运营与管理规范》于2021年9月29日发布,《植物基食品蛋白液体饮料》团体标准于2023年4月发布。摩尔农庄积极参与制定、修订核桃产业相关国家标准、行业标准和地方标准,引领行业发展,为产业发展贡献力量。

二、企业典型经营模式

多年来,摩尔农庄在云南核桃产业领域以市场为导向,进行了深入的基础研究、技术创新、产品品牌和产能布局积淀,发展事业与广大农村特别是山区农村的巩固脱贫攻坚、乡村振兴紧密结合。经过10余年的发展,摩尔农庄目标定位清晰,科技创新研发基础扎实,已发展成为科技创新国家领先的核桃全产业链企业。在种植环节对核桃品种结构进行调整优化,通过"公司+基地+合作社+农户+科技"的运作模式,以发展有机基地、收购核桃和吸纳劳动力就业等方式带动农民增收。摩尔农庄现有包括云南省楚雄、保山、玉溪3地6县16个乡镇等20万亩核桃基地,公司有机核桃果、有机核桃仁、有机核桃乳、有机核桃油、有机核桃厚乳等产品通过中国、欧盟及美国有机认证。在加工阶段创新技术和工艺,以确保产品的安全和营养。在销售环节严格遵守产品质量安全检测标准,以确保产品质量安全,并扩大品牌知名度。摩尔农庄前期所做的技术创新、产能布局、产品优势、品牌优势以及全产业链发展优势,使其有机会与大平台合作。摩尔农庄是沃尔玛山姆会员店、贝因美、一心堂、健之佳、光明食品（集团）、东阿阿胶、上海东方电视购物平台、上海甸唐、杭州华味亨、大连悦丰等优质企业的供应商。2021年,摩尔农庄在上海和深圳分别成立了华东营销运营中心和华南营销运营中心。摩尔农庄通过提高对华东、华南地区客户需求的响应速度,为客户提供更全面、更精细化、更有针对性的服务,推动其营销模式从区域性向全国战略驱动性转变。

三、企业核心技术装备及产品

摩尔农庄通过持续科技创新,目前已发展成为全省乃至全国核桃深加工行业的技术领军企业。主要拥有以下产品:一是核桃蛋白产品。摩尔农庄对核桃仁研磨工艺进行改进,提高核桃仁中蛋白质、脂肪的提取率,并通过获得国家和省级奖项的专利技术"一种保持蛋白原味品质的植物蛋白饮料的加工方法"和"一种植物果仁胚衣连续脱皮的方法"制备摩尔农庄核桃乳系列特色饮品。"聪滋牌核桃牛磺酸乳酸锌饮料"是全国唯一的健字号核桃乳(国食健字G20090594,保健功能:辅助改善记忆),该产品通过航天级标准认定,成为全国第一个航天级标准功能食品。"摩尔农庄有机核桃乳"通过中国、欧盟、美国有机认证。2023年,摩尔农庄研发的核桃厚乳采用新技术、新工艺,核桃蛋白含量较普通的核桃乳增加了1倍以上,每250毫升浓缩蛋白达3.0克以上(普通核桃乳核桃国家标准蛋白含量仅0.55克/100毫升),零碳水化合物、零糖、零香精、零防腐剂,天然健康,香味浓郁、口感醇厚,是天然的咖啡及奶茶的伴侣。二是核桃油脂产品。摩尔农庄邀请中国粮油学会油料油脂分会会长、国家粮油标准化委员会油料油脂分技术委员会主任、武汉轻工大学教授何东平共建摩尔农庄何东平专家工作站,共同开展核桃婴幼儿专用油、核桃孕妇专用油、核桃中老年专用油等国家级科技新成果功能性油脂开发,核桃油低温压榨关键制备技术与工艺等研究开发,为核桃产业创新发展提供技术支撑。基于摩尔农庄在核桃油产业发展等方面发展成为全国标杆,中国粮油学会授予摩尔农庄所在地楚雄市为全国唯一"核桃油之乡"称号。为科学综合开发利用核桃资源全产业链开发工业化产品,延伸核桃产业全链条,整体提高核桃产业加工水平,提升产业附加值,公司与江南大学共同承担云南省重大科技专项计划项目

"核桃高值化加工关键技术集成创新与示范"，项目突破核桃的高效脱壳、连续脱衣、冷榨制油、闪蒸脱溶、酶膜耦合等深加工关键技术8项，开发出高品质核桃油、脱脂核桃粉、核桃分离蛋白和肽、核桃婴儿鲜奶等系列高附加值产品24个，形成专利技术22项，制修订国家/行业等标准12项，将原本核桃榨油后剩余的仅能用于饲料、肥料的饼粕创新发展为核桃蛋白系列产品，综合降低核桃油成本，大大提高了附加值，让核桃油更具市场竞争力。同时，核桃蛋白粉可用于乳制品、面制品、保健品、植物肉制品等行业，通过项目的示范带动作用，可建成更多核桃全产业链示范基地。公司与中国科学院昆明植物所及上海交通大学还共同合作了核桃抗冻肽研发项目。公司掌握核桃副产物开发的核心技术，开发出核桃青皮天然染发剂、核桃青皮天然除虫剂、核桃硬壳活性炭、核桃分心木保健酒、核桃膜衣抗衰保湿面膜等系列产品，提高附加值、拉长产业链条，向价值链高端进行延伸，实现核桃全产业链发展。

摩尔农庄坚持绿色发展，注重提升创新水平和核心竞争力，致力于将云南乃至全国核桃产业板块打造成集一二三产于一体的完整食品产业链，通过做优"核"基地延伸至做强"核"工业、做深"核"科技、做特"核"品牌，助推核桃产业从"量"向"质"的转变，促进核桃产业经济效益和生态效益并行，有效助推核桃产业实现高质量发展，巩固脱贫攻坚成果和助力乡村振兴。

第三节　新疆喀什疆果果农业科技有限公司

一、企业基本情况

喀什疆果果农业科技有限公司（以下简称公司）成立于2015年11月，注册资金5271万元，是新疆维吾尔自治区农业产业化重点龙头企业、国家高新技术企业，总部位于丝路明珠新疆喀什疏附县。公司秉持"帮助新疆果农，造福新疆社会"的企业使命，致力于通过科技创新提高新疆林果产品附加值，帮助新疆果农将质优味美的新疆瓜果进行销售。目前，产品已覆盖原果、休闲食品、健康饮品、时令鲜果、精装礼盒等5个大产品系列54个产品,并积极布局三产,努力打造一二三产融合发展的综合性企业。

公司先后获得国家级高新技术企业、重点信用认证企业、新疆维吾尔自治区农业产业化龙头企业、自治区专精特新中小企业、自治区优质电商供应链企业、自治区2020年"千企帮千村"精准扶贫行动先进民营企业、自治区乡村振兴先进集体等荣誉。

二、企业典型经营模式

目前,疆果果正持续打通全产业链,全面推动完善行业产业分工,确保每款产品质量过硬、品质上乘。公司积极扎根新疆本土,推行"企业+合作社+种植基地"的运营模式。在当地,许多林果种植区面临着种植方式不科学、加工环节落后、果农缺乏市场营销意识和技能的现状。疆果果利用自身在行业的影响力和持续稳定的规模化采购,帮助当地果农种上好果实,过上好生活。自成立之初,疆果果就坚持从种植源头入手,帮助当地果农改良林果品种、扩大林果种植品质。公司每周开展科学种植培训,邀请新疆农业科学院和西北农林科技大学的专家教授深入田间地头,为当地果农开展林果科学种植管理的培训。利用"科技小院-核桃小院"的平台,通过会议、现场指导相结合的方式开展核桃标准化管理技术培训,重点培训指导良种核桃病虫害防控技术、核桃夏季管理技术等;提高核桃丰产栽培管理技术水平和能力,增强核桃树体通风透光能力,减轻核桃园病虫害发生,实现成龄园的稳产、丰产、优质高效,增加种植户的收益。通过与其他特色产业科技小院的交流互动,相互学习先进经验,从技术推广、人才培养、产业服务及产业链延伸等方面探讨科技小院功能的提升,充分发挥科技小院模式在农业人才培养与服务农业强国建设中的显著成效与示范引领作用,制定升级版的疏附核桃科技小院运行机制,提升喀什核桃科技小院对当地特色产业及人才培养方面的质量和效益,促进科技小院可持续发展。

在加工生产环节,公司对原料优中选优,自建车间,重视研发。目前,公司拥有自建的10万级无尘生产车间，获得HACCP国际食品安全认证及ISO 22000食品安全管理体系认证。公司严格把控卫生安全标准与操作流程，为疆果果的产品提供生产质量保障。在品控上更是精益求精，所有原材料都需要进行3轮机器筛选、2轮人工精选，层层优选，最终只有10%的原材料能够成为"疆果果"。

三、企业核心技术装备及产品

公司目前拥有10000平方米生产加工车间，拥有干坚果清洗、烘干、色选加工分拣线2条，坚果炒货生产线2条，坚果制品生产线1条，固体饮料生产线1条，共计283台（套）设备。

公司会将每年营收的6%作为研发投入，不断提升制作工艺和口感，确保产品成为行业典范，以此确保每年推出8~10款新品，且有1~2款具有成为爆品的潜质。公司通过较高的研发投入，来确保疆果果在技术上的快速迭代，促进疆果果的快速发展。在核桃加工方面，公司先后推出薄皮核桃、枣夹核桃、烤核桃、脱衣核桃仁、调味核桃仁（咖喱味核桃仁、藤椒味核桃仁、酸奶益生菌核桃仁、榴莲味核桃仁）等产品，现有技术储备12款核桃及核桃仁制品，涵盖炒货、糖果、酱腌菜、罐头、预制菜等五大类产品。

公司注重品牌建设和打造，连续两年入选央视展播品牌，全国头部媒体战略合作60余家，是100家中字头媒体和170余家行业核心媒体特约供稿单位。通过五大仓（喀什、西安、广州、深圳、上海）和十大城市服务网点（喀什、北京、上海、深圳、广州、长沙、成都、西安、郑州、南京），已初步实现了全国的战略布局，在诸多第三方平台开设有商城。公司通过运用先进的信息化管理模式，打造数字化质量管理平台，目前已经形成了集种植、深加工、销售、科研于一体的农业产业化经营模式，实现了食品生产加工从田间到消费者的质量安全全程可控性和追溯性。通过"企业+合作社+种植基地"的运营模式，公司取得了快速成长。

公司正努力成为新疆文化和国民健康生活方式的有力推广者。伴随着坚果品类在中国市场的快速崛起，疆果果以消费者需求为核心，持续提升坚果品类的产品价值、情绪价值、社交价值，用高品质产品和服务满足人民群众对美好生活、健康生活的需要，让千家万户享受到新疆大坚果的美味与营养。同时，作为土生土长的新疆休闲零食品牌，疆果果也在不遗余力地传播新疆文化和新疆故事。从精选产区的地道风味，到饱含西域元素的产品包装，疆果果永远那么"疆味"十足。

第四节　四川凉山亿丰油脂有限公司

一、企业基本情况

凉山亿丰油脂有限公司由浙江国丰油脂有限公司投资建设，于2019年9月成立，落户凉山西昌成凉工业园区，是西昌市招商引资并衔接凉山脱贫攻坚和乡村振兴的重点项目，州、市培育的重点企业。专业从事核桃油生产与精深加工，是有机核桃油及核桃油研、产、销一体化的生产加工企业。公司依托浙江国丰油脂公司的成功经验，秉承先进的管理和发展理念，以龙头企业为牵引，积极引进先进智能设备，吸纳项目研发优秀人才，充分利用品牌研发优势，强力推进食用核桃油生产与精深加工，倾力打造省、州级核桃油研、产、销一体化企业，持续为地方核桃种植业发展注入新动力。

凉山亿丰先后荣获国家核桃油及核桃加工产业创新战略联盟副理事长单位称号，成为浓香核桃油团体标准起草单位；通过了大凉山特色农产品认证、有机产品认证；取得了危害分析与关键控制点体系认证、食品安全管理体系认证和质量管理体系认证、环境管理体系认证、职业健康安全管理体系认证以及HACCP认证等；荣获"四川扶贫"集体商标标识使用权。2023年公司被四川省市场经济诚信建设促进会授予"四川省诚信示范企业"称号，同年被西昌市有机办评选为"有机示范企业"，并获得了"天府乡村""大凉山特色农产品"集体商标标识使用权，为造就大凉山有机核桃油打下了坚实的品牌基石。

目前，凉山亿丰拥有2项发明专利及15项实用性新型专利。注重深化项目研发，以浓香核桃油为研究核心，与中粮工科（西安）国际工程有限公司合作完成了浓香核桃油团体标准制定工作；以《新型核桃仁加工工艺研发项目》为研究核心，与郑州远洋油脂工程技术有限公司联合河南工业大学共同研发新型核桃加工制取工艺。

二、企业典型经营模式

凉山亿丰以大凉山高山有机核桃为主要原材料，核桃种植区覆盖凉山州西昌、会东、会理、盐源等17县市。据统计，全州核桃种植面积约830万亩，干果年产量23万吨。建设研发楼、厂房、库房、气调库等36360平方米，建设剥壳、压榨、浸出、精炼、灌装等智能化生产线数条，以及浙江和四川两个营销中心，形成了"研、产、销"一体化的经营模式，以合作经济为纽带打造核桃产业"供应链"。在标准制定和技术开发中，形成了"公司+专业团队+专家工作站"的制标研发模式；在核桃收购过程中，形成了"公司+基地+合作社+农户"的运作模式；在产品销售上，形成了"公司+电商平台+大型商超+大客户""公司+合作社"批零兼营的营销模式。

目前，凉山亿丰已具备实现年收购干核桃10万吨、年产核桃油1万吨、年销售收入6亿元、年创利税0.65亿元的目标；二期已在规划建设中，建成后将实现年收购干核桃20万吨、年产核桃油2万吨、年销售收入10亿元、年创利税1亿元的目标，将实现全州核桃产出全收购。核桃经济、生态、社会效益明显，为助力全州巩固拓展脱贫攻坚成果并有效衔接乡村振兴发挥了积极作用。

三、企业核心技术装备及产品

凉山亿丰第一期投入生产加工核桃油的现代化生产线，拥有全套剥壳、压榨、浸出、精炼智能化生产线和三条先进智能灌装生产线的核心技术装备，公司科研团队先后与多家专业团队联合研发了新型核桃剥壳、压榨技术和新型核桃仁加工工艺技术，新技术的创新利用，降低了生产成本，提升了规模效应,充分发挥了大凉山有机优质的生态核桃资源,使核桃附加值大大提高,让其成为凉山群众的"致富果"。

凉山亿丰于2021年2月取得山中贝尔商标注册证,2022年3月取得伽利庄园商标注册证,旗下产品主要有"山中贝尔压榨浓香核桃油""伽利庄园初榨核桃油""伽利庄园炒菜核桃油"等系列食用油。压榨浓香核桃油选用大凉山核桃,果肉饱满,营养丰富,人工采摘,经"恒温精制"工艺压榨而成,油色清澈透亮,保留了核桃的原有成分和美味,无添加、零胆固醇,适合不同年龄阶段的人群食用。

凉山州是全国四大核桃核心分布区之一,具有丰富的核桃种植资源,核桃产业也是凉山的传统产业、特色产业、优势产业。被誉为补脑黄金的生态核桃,就生长在这里,但由于"大资源、小产业、低效益"的情况突出,林产品加工业基础薄弱、技术落后、产品滞销。凉山亿丰核桃油深加工项目就是在这样得天独厚的地理条件和历史使命下应运而生的,进行核桃油研发、加工、生产,用心做好每一滴油,为人类健康保驾护航。

截至目前,凉山州核桃已成为凉山州的优势产业、特色产业和传统行业,核桃产业已惠及群众12.4万户,核桃主产区林农人均核桃收入近1000元/年。自2021年以来,在企业的带动下,全州每年在核桃重点县(市)建设1~2个现代林业(核桃)产业提质增效示范园区,每年建设3~5个核桃产业提质增效示范村(基地),着力打造一批园区(基地)建设规范、产业特色鲜明、发展机制创新、综合效益明显的核桃产业提质增效示范园区(基地)、示范村,通过示范带动,全面推进核桃产业健康发展、提质增效。

凉山亿丰始终坚持把"家国情怀、产业振兴、共同富裕"的初心使命和"以人为本、诚实守信、开拓创新、产业报国"的企业价值观贯穿于企业发展成长中,自觉践行以人民为中心的发展思想,担负起先富带后富、促进共同富裕的责任感和使命感,持续为凉山、攀西地区和周边省、市、县核桃种植产业发展注入动力,巩固拓展脱贫攻坚成果,努力为地方经济高质量发展和新质生产力的培育发展贡献智慧力量。

第五节　万源市源丰林业有限责任公司

一、企业基本情况

万源市源丰林业有限责任公司成立于2011年3月，注册资金1000万元。公司现有专业技术人员12人、高级管理人员5人、研发人员6人，是一家集核桃品种选育、良种推广、坚果收购、加工和销售于一体的核桃专业公司。公司长期与四川大学和四川农业大学在核桃育种、栽培、产品开发和精深加工技术上开展合作研发，并取得显著成效。

公司选育的巴山乌米籽1号核桃新品种，获2015年度达州市科技进步二等奖。公司以核桃油为核心产品，同时生产核桃粉、核桃乳、核桃仁、核桃花、核桃分心木保健茶、乌米籽核桃保健品、核桃高档家具板材等多元化产品。年核桃干果加工能力1万吨，产值12180万元。公司于2017年被四川省林业厅授予省级林业产业化重点龙头企业称号，于2019年11月被四川省科学技术厅授予"高新技术企业"称号，于2022年11月被四川省经济和信息化厅授予"四川省专精特新中小型企业"称号，于2023年12月再次被四川省科学技术厅授予"高新技术企业"称号。

二、企业典型经营模式

公司以"公司+专业合作社+农户"的经营模式带领广大农户种植核桃，并通过保价回购核桃带动种植户增收致富。在种植业板块，公司牵头建立有"万源市源丰核桃专业合作社"（以下简称专合社）。专合社作为公司的延伸机构，负责指导广大农户栽植和管理核桃，并对农户生产的核桃进行回收。在加工业板块，公司除了生产和销售自有品牌"大巴山"核桃油，还开展代加工业务。在生产自有品牌核桃油中，主要收购专合社核桃作为原料，以起到带动当地核桃种植业发展的作用。2023年度，公司生产和销售自有品牌核桃油20吨，实现产值600多万元。同年,公司还为2家企业代工生产核桃油8吨,产值128万元。

公司自主品牌产品采用线上与线下相结合,直销与代销相结合的模式销售。公司直销方式有两种,一是向超市铺货进行线下销售,二是在淘宝、京东、抖音、银行商城等电商平台开设网店销售。代销是通过授权经销商进行产品销售,具体销售模式和方式由授权经销商自主确定。代工产品则以订单模式进行销售。

三、企业核心技术装备及产品

公司与四川农业大学核桃课题组在特级核桃油精简工艺和核桃渣粕综合利用上合作,不仅开发出特级核桃油、核桃花椒油、核桃营养土、核桃有机肥、核桃土鸡和土鸡蛋等特色核桃产品,还构建起以特级核桃油为中心的精简综合加工工艺、技术和模式。采用公司研发的特级核桃油精简工艺生产核桃油,不仅油品达到《特级核桃油》(T/CCOA 2-2019)标准,而且彻底解决了核桃油易氧化、保质期短的瓶颈问题,使特级核桃油的保质期轻松达到1~2年,而且投入少、易操作、成本低,特别适应核桃产地中小企业或专合社新建或改造核桃油厂。

公司现有核桃加工厂房约6000平方米,可进行核桃去青皮、清洗、烘干、去壳取仁等初加工,也可进行核桃油和核桃粉等精深加工。其中有一条特级核桃油生产线,年产成品核桃油约100吨。公司拥有多台烘干机、破壳机、分级机、储油罐、榨油机、传送带等多种设备,有150平方米冷库和50平方米实验室间。公司注册有"大巴山"牌核桃油和"巴山王"牌坚果类商标。主导产品有大巴山牌核桃油和乌米籽核桃。其中核桃油根据原料和客户要求,可生产特级和一级标准成品油。

第六节 几点启示

核桃产业在发展中，目前仍面临着一些困难和挑战，主要包括生产效益不高、投资回报周期长、生产技术及设备落后、品牌意识不强等问题。但我国核桃产业也在逐步完成从"量"向"质"的转变，亩产效益稳步提升，同时地域性集约化深加工比例进一步提高。此外，随着人们对健康的重视程度不断提高，人均核桃消费量有望持续增长。总的来说，尽管核桃产业面临着一些挑战，但其发展前景仍然值得期待。

在分析核桃产业发展重点企业的过程中，我们主要得到以下几点启示：

①加快推进标准化体系制定。通过标准制定、技术创新，以先进的食品工业机械将核桃由初级农产品转变为优质的食品工业原料，形成标准化加工产业链和适销对路的供应链。品种好、品质优良的核桃，若不注重后期的处理环节，也无法产生好的效益。清洗、脱青皮、烘干等加工环节的规模化和标准化不完善，也会导致核桃产品的稳定性和均一性差，缺乏市场竞争力。要"走出去"，就需要完善标准化体系，建立从种植、采摘、初加工到深加工的一系列标准。

②以市场为导向的技术创新。紧跟市场趋势，及时调整产品结构，以适应不断变化的核桃产品。综合利用核桃资源全产业链开发工业化产品，延伸核桃产业全链条，整体提高核桃产业加工水平，提高产业附加值，实现产业化、市场化、品牌化、规模化、高附加值。

③打造产业集群。通过聚集核桃产业相关企业和机构，由政府、企业和社会各方共同努力，形成协同效应，提高核桃产业的竞争力和创新能力，促进区域经济的发展。

④加强产业链整合。加强核桃产业上、中、下游企业间的合作，实现从原料生产到加工再到销售的垂直整合，通过合作形成紧密的产业链网络，从而提高

整体的效率和竞争力。

⑤让消费者吃得起、企业盈利、农户卖得掉。通过采用先进的农业技术和管理经验,提高核桃产品的产量和质量,降低生产成本,从而使价格更具竞争力,让消费者吃得起。形成规模化、专业化的生产经营模式,采用多样化的营销策略,扩大市场份额,提高整体效益,让企业盈利。提升核桃产品品质,增加附加值,提高产品销售量,让农户卖得掉。

第五章

核桃产业发展的
代表性产品

第一节　引　言

我国的核桃产业发展至今，在市场上不断涌现出新的核桃产品，健康饮食趋势使消费者更加关注食品的营养价值和健康益处，带动了对核桃坚果的需求增长，核桃产品开发和研究的市场潜力广阔。对于核桃产品的开发，技术创新和品牌建设将有助于提升我国核桃坚果的市场竞争力和附加值。当前市场上存在多种类型的核桃产品，对核桃产业发展的代表性产品进行梳理分析，有助于对新型核桃产品的开发带来一些启示。本章节就核桃休闲食品包括混装坚果仁、风味核桃仁以及核桃仁创新产品等产品现状和发展前景作出分析，并对不同种类的核桃油产品的适宜性人群作出评价，对现有的核桃蛋白制品的发展作出分析，以及对核桃副产物的利用加工产品作出示例，力求寻找增加核桃加工新的创新点，以提高核桃产品独特的附加值。

第二节　核桃休闲食品

一、混合坚果仁

混合坚果仁是一款包含核桃、杏仁、夏威夷果等多种坚果的混合产品，在中国市场极受欢迎，发展潜力巨大。其特色在于种类多样、营养丰富，能同时满足消费者对不同口味坚果的需求。坚果按原材料可分为籽坚果和树坚果两类，籽坚果主要有葵花籽、西瓜籽等，树坚果则包括核桃、碧根果等。近年来，随着新技术的应用，树坚果作为健康休闲食品的佼佼者，市场规模已近500亿元，其价格上涨也提升了整个坚果炒货行业的平均价格。

在生产混合坚果仁的过程中，需精选品质上乘、成熟适宜的坚果原料，同时保证原料来源的可追溯性及无污染性。通过筛选机移除杂质及损坏的坚果，筛孔尺寸一般在5~20毫米之间,以适配各类坚果的种类及尺寸。在清洗阶段,用清水洗净坚果,以去除其表面的灰尘和杂质,水温维持在常温到40℃,持续时间为5~10分钟。烘烤环节至关重要,需要根据不同坚果种类及期望的口感设定烘烤时间及温度,且要保证坚果均匀受热。依据特定比例将不同种类的坚果混合,确保混合均匀。最终采用食品级包装材质进行良好密封,达到防潮和防氧化的目的。包装过程中环境应保持无尘和干燥,温度控制在20~25℃,湿度维持在50%~60%。整个生产过程中,对每一环节和参数严格把控,旨在确保产品最终的品质与口感,满足市场的需求。

随着健康食品需求增加及居民收入水平的提升,混装坚果仁市场展现出巨大的增长潜力。不过,面对激烈的市场竞争,企业需不断提高产品质量和品牌影响力。随着消费升级和市场恢复,混合坚果市场空间广阔,产品营养搭配均衡、便于携带,核心消费群体潜力将被进一步挖掘。2023年中国混合坚果行业有望实现快速增长,预测2023—2028年市场年均复合增速达16%,到2028年市场规模将达到302亿元。

二、风味核桃仁

为了满足市场的需求,风味核桃仁的开发应运而生。通过对核桃仁添加不同的调味料或进行不同工艺处理,开发出多种风味的核桃产品,旨在满足消费者对食品口感、风味和营养价值的多元需求。这些产品的开发不仅丰富了休闲食品市场的产品类型,也为核桃仁的消费提供了新的增长点。

泡椒核桃结合了核桃仁的香脆与泡椒的辣味,是一种受到年轻消费者喜爱的休闲食品。其制作工艺是将核桃仁使用碱面水煮制5~7分钟后,再用清水煮3分钟,高压水枪冲洗去皮。按一定比例加入白醋、白糖、小米椒、泡椒、泡椒水、花椒水、沙棘汁、罗布麻汁、肉松茸汁、恰玛古汁、水熬制调料,然后加入去皮核桃仁、白萝卜、柠檬、大蒜以及生姜,沉泡在调料中5天,便可制成成品泡椒核桃仁。泡椒核桃风味特点是辣而不燥,香脆可口,既保留了核桃的营养价值,又增加了泡椒的辣味,满足了消费者对口感和风味的双重追求。在市场上,泡椒核桃因其独特的风味，受到了消费者的广泛欢迎，尤其是在年轻消费者中有较高的接受度。

琥珀核桃仁是以核桃仁为主料，外层包裹一层焦糖，色泽金黄，口感香脆。其制作工艺流程为：选料（白砂糖50公斤、液体葡萄糖5公斤、蜂蜜1.5公斤、柠檬酸30克、水16公斤）→水煮（沸水煮2~4分钟）→甩水→糖液配制（糖浓度达到75%）→套糖（糖煮5~10分钟，冷却至20~30℃）→油炸→甩油→分选包装→排气密封。琥珀核桃的独特风味在于其甜而不腻，香脆可口，糖衣的加入不仅增加了其口感的层次，还提高了其外观的吸引力。在营养价值方面，除了核桃本身丰富的营养成分外，适量的糖分也为人体提供了能量。琥珀核桃因其独特的风味和营养价值，在市场上同样受到消费者的喜爱。

核桃仁的独特风味满足了消费者对食品多样性的需求，进一步巩固了其在休闲食品市场上的地位。从消费者偏好来看，年轻消费者更愿意尝试新颖且具有独特风味的产品，如泡椒核桃和琥珀核桃等。这些产品不仅满足了他们对食品口感和风味的追求，同时也契合了他们对健康和营养的关注。市场分析表明，风味核桃仁的市场需求将持续增长。为把握市场机遇，生产商需不断创新产品风味和包装，以满足消费者的多样化需求，同时加大产品营养价值的宣传力度，提升市场竞争力。

三、核桃仁创新产品

在休闲食品产业中，创新产品的研发是推动市场进步的关键要素之一。传统的休闲食品已无法全面满足市场需求。开发创新产品不仅能吸引消费者关注，提升产品竞争力，还能拓宽新的市场领域，增加企业收益。此外，创新产品能为消费者带来更多选择，满足他们对健康、口感及新奇体验的需求，进而推动整个休闲食品产业的发展。目前，核桃仁创新产品包括核桃仁蛋白棒、核桃仁咖啡、核桃仁巧克力、核桃仁果酱、核桃仁酸奶等，各产品对比如表5-1所示。

表5-1　核桃仁创新产品对比

种类	产品特点	创新点	市场反响
核桃仁蛋白棒	保留核桃的营养价值的同时增加蛋白质的摄入量	提升产品的营养价值和饱腹感,更适合健身人群和需要快速补充能量的消费者	此类产品受到健身爱好者和忙碌上班族的欢迎,市场需求稳步增长
核桃仁咖啡	将核桃仁的粉末与咖啡粉混合,制成具有核桃香味的咖啡	将核桃的营养价值与咖啡的提神效果相结合,满足消费者对咖啡口味多样化的需求	吸引一些追求新奇口味和健康生活方式的消费者,在年轻消费群体中有较好的市场表现
核桃仁巧克力	不仅保留核桃的香脆口感,还增添巧克力的甜蜜味道	丰富产品的口感,增加巧克力的营养价值,为消费者提供了一种新的健康零食选择	凭借其独特的口感和营养价值,迅速获得市场的认可,成为一种受欢迎的休闲零食
核桃仁果酱	可以用于面包、饼干等多种食物的搭配,增加食品的营养和口感	增加果酱的营养价值,增加口感新颖性,为消费者提供了更多样化的健康食品选择	核桃仁果酱因其创新的口感和营养价值,受到了健康意识较强消费者的青睐
核桃仁酸奶	将精选的核桃仁碎片混入高品质酸奶中,创造出一种既具有核桃香脆口感又融合了酸奶醇厚味道的健康饮品	丰富酸奶的口感、提升营养价值、增加酸奶的饱腹感,使其成为一种更加健康且能提供额外能量的饮品	核桃仁酸奶因其创新的概念和营养健康的特性,迅速在市场上获得了好评,它不仅作为一种新型的早餐选择,也成为运动后补充能量的理想选择

　　核桃仁创新产品具备巨大的市场潜力。首先,随着消费者健康意识的提升,对于富含天然成分、营养价值丰富的休闲食品需求不断增长。核桃仁作为一款营养丰富的天然食材,其创新产品能够吸引关注健康的消费者。其次,创新产品能够吸引年轻消费者,特别是对新颖、独特口味和食品体验有较高要求的年轻群体。通过持续的产品创新,可以拓展核桃仁产品的消费群体,提高市场占有率。最后,伴随全球化进程,核桃仁创新产品还有潜力进入国际市场,尤其是在健康食品日益受到关注的今天,核桃仁的创新产品有望成为跨国界的休闲食品选择。总之,通过持续的产品创新,不仅能够满足消费者的多元化需求,还可以推动核桃仁及整个休闲食品行业的发展,具有广阔的市场潜力和发展前景。

第三节　核桃油产品

一、特定人群核桃油

对于婴幼儿及儿童，核桃油是一种优质的营养补给来源，它富含亚麻酸。亚麻酸是一种 ω-3 脂肪酸，对促进大脑发育和视力健康至关重要。此外，核桃油中的维生素E和抗氧化成分有助于增强儿童的免疫力；中老年人群可以受益于核桃油中的 ω-3 脂肪酸，这些脂肪酸有助于降低血压和胆固醇水平，降低心脏病和中风的风险。核桃油中的抗氧化成分还能帮助中老年人减缓认知衰退；对于运动员而言，核桃油不仅是一种理想的能量来源，还包含有助于肌肉恢复的抗炎成分，能够减少运动后的肌肉疼痛和疲劳。

二、轻喷核桃油

在探索核桃油产品的多样化过程中，轻喷核桃油凭借其独特设计和便捷性脱颖而出，为烹饪、沙拉调味及食品加工提供了一个健康而便捷的选项。轻喷核桃油的推出既满足了现代消费者对健康饮食的追求，也满足了对烹饪便利性的需求。中国农业科学院加工所王强研究团队通过特别的显示余量喷雾设计，使轻喷核桃油使用者能够轻松地控制用油量，实现均匀的覆盖或喷洒，这种设计不仅使用便捷，还有助于减少油脂浪费，使烹饪过程更加健康经济。

轻喷核桃油特别适用于烹饪、烘焙、沙拉调味及食品加工等。在烹饪中，它可作为不粘锅的涂层，避免食物粘连，同时保持食物的原味和营养。在制作沙拉时，轻喷核桃油能均匀涂覆在蔬菜及其他食材上，既增添风味又控制油脂摄入。轻喷核桃油的优势在于帮助用户更精确地控制油脂摄入，这对维护健康饮食习惯极为重要。核桃油本身富含 ω-3 脂肪酸及其他有益成分，轻喷方式确保这些营养得到最大化利用，不会因过量用油降低其健康价值。轻喷核桃油的问世，不仅为追求健康生活的消费者带来了新选择，也展示了核桃油产品创新的广阔空间。通过这种方便、健康、灵活的使用方式,轻喷核桃油在现代厨房的应用前景极为广泛,成为健康烹饪和饮食的理想选择。

三、粉末核桃油

粉末核桃油,作为一种创新产品,不仅完整保留了核桃油的营养价值,还极大地增强了其在各个领域内的应用灵活性与便捷性。粉末核桃油采用特殊干燥技术,如喷雾干燥或冷冻干燥,将液态核桃油转换成粉末状。在转换过程中,核桃油的营养成分被完整保留,同时降低了储存过程中被氧化的风险。粉末状的核桃油易于储存和运输,并且可以便捷地在不同食品加工中使用,可直接与干燥成分混合。粉末核桃油的应用范围广泛,既可作为健康补充品直接摄入,也可在烘焙、即食餐饮和营养饮品中发挥关键作用。在烘焙中,它可直接混入面粉,提升烘焙食品的营养和口感。在即食餐饮中,它提供了一种方便快捷的营养补给方式。此外,在营养饮品中加入粉末核桃油,方便消费者在日常饮食中摄入。

粉末核桃油保留了液态核桃油的所有健康益处,包括丰富的$\omega-3$脂肪酸和微量活性物质,这对心脏健康、大脑发育和皮肤保养均有益。粉末形态的核桃油的营养成分更易在多种食品中均匀分布,提升食品的整体营养价值。其便捷性也使得消费者日常更容易摄入这些有益健康的成分。粉末核桃油的推出,为消费者提供了一个新的健康选择,让摄取营养成分变得更加便捷和多样。

第四节　核桃蛋白产品

一、核桃蛋白乳

核桃乳为纯天然植物蛋白饮品,核桃仁经清洗、去皮、磨浆、配料、细磨、脱气、均质后生产核桃乳,口感细腻,具有特殊的核桃浓郁香味。产品不失核桃仁原有营养成分,特别值得一提的是,其所含磷脂对脑神经有良好的保护作用，经常饮用，对动脉硬化、高血压、冠心病患者及老年人抗衰老有良好的保健效果。在过去的10年中，超市的"乳制品"已经发生了转变，植物基产品正在逐渐普及。据市场研究公司Mordor Intelligence数据，乳制品替代品类别市场规模将达到233.5亿美元，到2024年的复合年均增长率为9.85%。2022年，我国植物蛋白饮料行业市场规模约1351亿元，同比增长9.5%。从细分市场来看，核桃乳饮料占比9.49%，市场份额在我国植物蛋白市场处于前列。中国核桃乳行业市场规模近年来一直保持着良好的增长态势，未来仍将保持良好的发展趋势，核桃乳行业将成为一个有前景的行业。

中国核桃乳行业内重点企业有伊利、蒙牛、娃哈哈、河北养元智汇、承德露露、盼盼食品、三元。六个核桃就是河北养元智汇饮品股份有限公司推出的一款核桃乳饮品，是我国最为知名的核桃乳品牌，其运用独创的（5·3·28）核桃乳生产工艺，采用研磨萃取工艺和细胞破壁技术充分保留了核桃的营养成分，有效地解决了核桃本身营养不易吸收、携带不便、口感涩腻的问题。会泽智森生物科技有限公司现已建成核桃乳生产线2条并已全面投产。公司预计年消耗核桃仁1000吨以上，核桃乳年产量1.4万~1.8万吨，年产值达1.2亿~1.5亿元。云南摩尔农庄推出了无糖核桃乳、经中国和欧盟双有机认证的有机核桃乳、含钙核桃乳以及航天标准核桃乳。近几年，有企业陆续推出"大豆+核桃""红、枣+核桃""黑芝麻+核桃"复合核桃乳产品，迎合消费者对于不同口味产品的需求。另外，中国农业科学院加工所王强研究团队针对核桃蛋白溶解特性差、难以应用于食品工业的瓶颈问题，推出了高溶解性核桃蛋白粉，其溶解度从6.92%提高到31.75%，发泡率从47%提高到55.33%，乳化率从4.32平方米/克提高到8.27平方米/克。

二、核桃肽产品

核桃肽富含大脑细胞代谢的重要营养物质，能滋养脑细胞，增强脑功能，有助于青少年智力及记忆发育。核桃肽可由核桃粕发酵或由核桃粕/蛋白酶解制成，可以解决食品开发中核桃蛋白溶解性差等的技术瓶颈问题，基于核桃肽开发个性化健康食品、功能性食品和保健品具有广阔的市场前景。目前,我国植物肽行业处于快速成长期,产能产量以及需求量均保持较快增长,2021年中国植物肽市场规模已超100亿元,未来随着科学界对植物肽药理作用和应用研究的不断深入,植物肽应用范围将逐渐拓展,市场需求将持续增长,预计2026年,全球植物肽市场规模将超150亿元。

我国核桃肽主要生产企业包括广州罗湖山生物医药科技有限公司、山西原生肽科技有限公司、景东力奥林产集团有限公司、河北绿岭集团、国药肽谷有限公司等。安利纽崔莱于2022年11月推出儿童核桃肽高蛋白饮品,产品中添加了核桃肽和磷脂酰丝氨酸(PS),可以促进神经树突增加、促进神经递质传递,助力孩子脑部发育,改善记忆力,提高注意力。泓九核桃肽是将天然野生山核桃,利用生物定向酶切技术,将大分子核桃蛋白酶解成小分子核桃低聚肽,其中低聚肽含量占比高达74.9%,其核心作用即通过提升记忆力,激发脑活性进而延缓脑部衰老。泓九核桃肽针对学习能力、工作记忆力以及压力过大引起的睡眠问题也都有很好的改善作用。以岭健康科技有限公司研发推出具有促睡眠功效的酸枣仁核桃肽植物饮料,配料包含核桃肽、酸枣仁、茯苓、桑葚、橘皮、山楂、枸杞等。扬州大学徐鑫课题组以核桃、枸杞为主要原料研制了一款枸杞风味核桃多肽乳,使用0.4%碳酸氢钠浸泡脱皮核桃仁2小时后,70℃磨浆20分钟,0.4%风味蛋白酶酶解2小时;单甘酯∶蔗糖脂肪酸硬酯=7∶3,总含量为0.347%;由此配方得到的枸杞风味核桃多肽乳口感细腻,风味柔和。新思界行业分析表示,核桃肽综合性能优良,在众多领域应用广泛。近年来,随着研究深入,技术进步,我国核桃肽应用范围不断扩展,高质量产品市场占比有所提升,未来随着本土企业持续发力以及下游需求不断增长,我国核桃肽行业发展前景将持续向好。

三、核桃酸奶

植物基酸奶营养健康、口味独特,日渐受到消费者的青睐。2020年,全球植物酸奶市场规模达到20.2亿美元。2018—2023年,全球植物基酸奶复合增长率高达17.8%，预计2023—2027年，全球植物酸奶市场还会以18.9%的年均增长率高速增长。相较于传统动物基酸奶，植物基酸奶具有高蛋白、零胆固醇、多优质脂肪、微量元素丰富等特点，非常适合追求健康、牛奶过敏和乳糖不耐受等特殊人群食用。但由于专用发酵菌种缺乏和加工技术瓶颈尚未突破，市售产品存在发酵效果欠佳、风味不足等问题，严重阻碍产业健康发展。

中国农业科学院加工所王强研究团队与新疆天润集团合作相继突破了核桃酸奶专用发酵菌种缺乏、典型原料特征风味不足、质地品质不佳等瓶颈难题，放大熟化了关键加工工艺技术，开发了高品质核桃酸奶新产品。在特色植物基发酵制品中筛选、分离、纯化、鉴定了核桃酸奶发酵菌株植物乳杆菌WL-100，并已在中国微生物菌种保藏管理委员会普通微生物中心完成保藏，菌粉已完成中试级别生产。在适宜发酵条件的基础上，通过对植物原料进行烘烤处理，诱导激发、调控核桃仁中美拉德反应的程度，促进典型风味物质形成，明确不同烘烤条件对核桃风味物质种类和数量的影响。当烘烤温度为90℃和120℃时，可产生更多的（E）-2-辛烯醛、正戊醛和正己醛，赋予核桃发酵乳油脂香、发酵香和果香；150℃的烘烤则提升了发酵乳中异戊醛、苯乙醛、（E，E）-2，4-癸二烯醛、2，6-二乙基吡嗪和2，3-二乙基-5-甲基吡嗪的含量，赋予其黄油香、烘烤香和类似巧克力的香气。核桃经烘烤处理后，实验产品能较好地与Herschel-Bulkley方程拟合，其发酵乳的凝胶强度随烘烤温度的升高呈现出先增强、后减弱的趋势，当烘烤温度为90℃时，核桃发酵乳的凝胶强度最大，表观黏度、G'和G''均高于其他各组。这种强凝胶结构也赋予了核桃发酵乳更高的硬度、稠度、黏聚性和亮度。河北养元推出了杀菌型常温发酵核桃乳，该产品采用纯种核桃，添加4种益生菌发酵，含低饱和脂肪、0胆固醇、0乳糖、0反式脂肪。核桃酸奶目前还处于起步阶段，在中国市场认知度较低、售价高、口味差等问题仍亟待解决。

第五节 核桃副产物产品

一、核桃壳产品

核桃壳通常占到整个坚果重量的30%~40%。因此，2022年中国的核桃壳产量在177.02万~236.02万吨。核桃壳具有独特的物理特性和化学成分，使其成为一种多用途的天然材料。它的硬度适中且具有坚硬而脆弱的质地，富含纤维素、木质素和鞣质等成分，这些特性赋予了核桃壳在各个领域的应用潜力。目前已开发出核桃壳滤料、核桃壳磨料、核桃壳堵漏颗粒、核桃壳粉、核桃壳宠物床材等品种，广泛应用于石油开采堵漏、化工材料、机械抛光、水质净化、化妆品、宠物床材等领域或行业。新疆宝隆化工新材料有限公司、新疆天下福生物科技有限公司以及新疆喀什地区泽普县赛力乡，是目前新疆地区对核桃副产物核桃壳进行收购、加工的主要企业。陕西盛大实业有限公司拥有核桃壳粉生产线3条，可生产核桃壳滤料、核桃壳磨料、核桃壳粉、核桃壳堵漏颗粒、核桃壳宠物床材等6个大类23个系列产品，年生产能力1万吨，年实现产值2600万元。核桃壳综合开发利用可推进新型环保产业，深度开发成本较低，收益率高，能够变废为宝，延长核桃产业链，具有较高附加值。

核桃壳的综合利用不仅体现了其环保价值，减少了农业废弃物和环境污染，还减少了对化石燃料和其他非可再生资源的依赖，促进了资源的循环利用和可持续发展。根据联合国粮农组织提供的全球农业生产和贸易的统计数据预测，如核桃壳主要被用作上述应用，其需求量可能与其产量相当，在可持续材料和绿色能源需求增长的背景下，为企业和相关产业链创造了新的经济效益，展示了良好的市场潜力。

二、核桃分心木产品

核桃分心木味苦涩，性平，无毒，其加工技术主要涉及几个关键步骤，包括收集与清洗、破壳分离、干燥、粉碎和提取。这些步骤旨在有效分离和提取核桃分心木中的有效成分，以便进一步应用和研究。特别是提取过程，通过采用溶剂提取、超声波辅助提取或超临界流体提取等先进方法，能够最大限度地保留核桃分心木中的生物活性物质，为其在各个领域的应用提供了物质基础。在医药保健领域，由于其富含的多酚类化合物等生物活性物质，核桃分心木被用于开发各类保健品和药物，具有抗氧化、抗炎等功效。在化妆品行业，核桃分心木提取物因其抗氧化和保湿功效被广泛应用。此外，它还可作为食品添加剂用于提高食品的营养价值和保鲜性，以及在农业中作为生物农药的原料，展现了其多方面的应用价值。

核桃分心木的市场发展潜力巨大，主要得益于人们对健康和自然产品的日益重视。随着提取和加工技术的进步，核桃分心木的有效成分提取效率和应用范围预计将进一步扩大，市场需求也将持续增加。此外，核桃分心木及其提取物在市场上的高价值，加之其在医药保健、化妆品、食品添加剂等领域的广泛应用，预示着其市场价值和发展潜力将进一步提升。随着消费者对高品质、天然健康产品的需求不断增加，核桃分心木及其相关产品的未来市场前景广阔。

第六节　几点启示

通过以上的核桃代表性产品的概述，我们可以得到以下启示：①加大现有核桃深加工产品的生产投入，调整初、深加工产品的占比，改进现有加工工艺、技术与装备，提高核桃油、核桃蛋白产品的品质和商业价值。②结合市场的调研需求，不断开创核桃精深加工新产品（轻喷核桃油、核桃酸奶等），积极寻找核桃的利用新途径（高品质核桃壳活性炭等），能够实现全果利用、全产业链开发。③在保证产量的同时，企业必须更加注重产品质量，坚持推陈出新，同时增强品牌意识，积极参与市场竞争，满足消费者的需求，形成品牌效应，打造属于自己的品牌，不断提升消费者的认可度，进一步提高核桃产业的竞争力。

第六章

核桃产业发展效益评价

第一节　引　言

党的第十九届五中全会指出我国未来发展要始终坚持"绿水青山就是金山银山"的发展理念，明确了未来生态效益和经济效益要均衡发展。核桃产业作为可持续性强的传统高原特色产业，其发展对于保护农村生态环境、实现贫困地区脱贫致富和乡村振兴有着重要作用，是践行"两山理论"的重要实践。核桃在我国农林业经济中占有非常重要的地位，已成为很多地区的支柱产业和群众收入的主要来源，在推进农业结构调整、促进农村经济发展、增加农民收入、优化土地资源利用等方面发挥了重要作用。

近年来，从国家到各省（区、市）都出台了相关的核桃产业发展战略和规划，我国核桃种植面积和产量迅猛增长。"十二五"期间，国家林业局重点发展油茶、核桃、板栗、枣、柿子和杏仁6个战略性干果产业。2014年6月，国家发展改革委、财政部和国家林业局联合印发了《全国优势特色经济林发展布局规划（2013—2020年）》，在全国优先规划和重点扶持以核桃、油茶、板栗等为主体的优势特色经济林产业。2015年1月，国务院办公厅印发《关于加快木本油料产业发展的意见》，突出加快以核桃、油茶为主体的木本油料产业发展，以大力增加健康优质食用植物油供给，切实维护国家粮油安全。近三年，中央1号文件中均提到发展特色油料等内容，"深入推进大豆和油料产能提升工程……支持木本油料发展"，可见核桃在我国当前林业经济中的重要地位。在国家行动计划之下，核桃产业正面临前所未有的繁荣，尤其核桃主要种植地区将面临极好的发展机遇。

第二节　行业发展引领

一、对核桃种植业发展引领作用

据FAO统计数据分析,中国多年来始终保持世界核桃收获面积和产量第一,在国际核桃产业中占据主导地位。据《中国林业和草原统计年鉴》统计,2022年底中国核桃产量达593.7万吨。核桃适应性强,在我国20多个省(区、市)都有种植,主要分布在西北地区的天山山脉,中部地区的秦岭、吕梁山、太行山、大别山、伏牛山,东部沿海地区的泰山山脉,以及江南等地。

从种植面积来看,排名前八的省区依次为云南40%、四川16%、陕西9%、山西7%、新疆6%、甘肃4%、贵州和河南3%,西南地区(云南、四川和贵州)种植面积达全国59%,是最大的核桃生产区域。从核桃产量情况来看,排名前八的省区依次为云南30%、新疆22%、四川17%、山西7%、陕西7%、河北3%、河南3%、山东2%。总体而言,云南近10年来面积、产量均居全国第一位,以云南为主的西南地区是中国最大的核桃生产区域,而新疆地区的核桃种植面积仅占全国6%,产量却占全国22%左右,生产潜力巨大。此外,目前全国核桃苗圃个数达1957个,苗圃面积15633公顷,苗木产量66389万株,主要分布于江苏、山西、云南、陕西、河南、河北、重庆等省市,说明不同产区均在一定程度上促进了核桃种植业的发展。

在核桃产业发展过程中,我国选育出大量地方性核桃良种,还先后引入了清香、契柯、维纳和强特勒等品种,通过外引内选,使核桃良种化程度得到提升。核桃栽培品种也逐渐向多类型和多功能方向发展,分为早实核桃、晚实核桃和果材兼用核桃等。同时在核桃栽培管理方面积累了丰富的经验,目前大多采用矮化密植栽培方式,核桃嫁接技术方面有了重大突破,加之核桃适生地政府的大力扶持,促进了核桃种植规模化发展,使核桃成为许多地区经济的一个重要来源。

二、对核桃加工业发展引领作用

随着我国核桃种植面积和产量的增加，核桃加工业的重要性凸显。据统计，我国共有2.25万家核桃加工相关企业，从地区分布来看，云南、山西、陕西位列前三，可见核桃产业的发展带动了当地加工企业的发展。我国核桃加工包括初加工和深加工，初加工包括核桃的干制以及核桃仁为原料制成的休闲食品；深加工包括核桃油的压榨，核桃蛋白粉的制备，以核桃青皮、核壳等废弃资源为原料的加工产品，等等。

随着核桃加工技术研究的不断深入，推动着核桃加工业的快速发展。核桃精深加工的基础是核桃脱青皮、清洗、干燥、分级、破壳和壳仁分离等加工处理过程。国内很多学者致力于核桃前处理技术和设备的研究，设计出可调间隙的青皮核桃脱皮滚筒、仿生敲击式山核桃破壳机、小型短风道核桃壳仁分选机等设备。随着我国核桃种植面积及产量的迅速增长，我国传统的自然晾晒等核桃干燥方式存在规模受限、受环境影响大、核桃品质无法保证等缺点，新的干燥方式如微波干燥、射频干燥、热风干燥等不断引入实际应用，推动着核桃加工产业的发展。

除核桃前处理技术外，核桃初加工及精深加工技术的发展也对核桃产业的发展起到推动作用。例如，市场上多将核桃整果以及核桃壳仁分离出的核桃仁清洗包装后作为成品售卖，或以核桃仁为原料加工成琥珀核桃、五香核桃、核桃软糖等近200种产品，大大提升了核桃的附加值，具有显著的经济效益。核桃油作为核桃较为重要的精深加工产品近年来产业得到迅猛发展，根据《中国林业和草原统计年鉴（2021）》数据，2022年全国核桃油产量为5.95万吨，规模以上核桃油加工企业70家。目前，核桃油制备技术方法主要包括低温压榨法、溶剂萃取法、水代法等方法，其中低温压榨法和溶剂萃取法常用于工业化生产，但因提取率低和溶剂残留等问题，其余方法大部分仍然只停留在实验室阶段。2022年底，云南省林业和草原科学院研发出的水代生态制取核桃油新技术，是核桃油生产上的一次重大革新，为获取优质核桃油打下了坚实的基础。

现阶段随着人们消费观念的转变,核桃粉因具有营养价值高、种类丰富、便携等特点,发展前景广阔。市面上常见的产品分为全脂和脱脂核桃蛋白粉,核桃仁一般用来制作全脂核桃粉,核桃仁榨油后产生的核桃粕,也可以作为生产核桃粉的原料,这不但能提升核桃的附加值,而且能为企业增加利润。核桃粉除了可以作为固体饮料直接食用,还可以添加到酸奶、面包等各种食品中,既能使食品松软有弹性,又能提升营养价值。将核桃进行精深加工制成核桃乳饮料或将核桃乳配以牛奶、杏仁、银杏等不同辅料制成各具特色的复合乳饮料,进一步开辟了核桃资源利用的新途径。核桃复合饮料风味独特,营养价值较高,市场前景十分广阔。

三、对核桃市场销售行业发展引领作用

据中国海关数据统计,2023年我国核桃壳果出口量15.17万吨,较2022年的8.42万吨同比增加80.17%;出口额19.48亿元,较上年的12.62亿元同比增加54.36%。2023年我国核桃仁出口量和出口额分别为6.63万吨和17.89亿元,较2022年同比分别增加48.99%和34.51%。2023年核桃壳果和仁的进口量和进口额均不大,同比2022年略有下降(见表6-1)。

表6-1　2019—2023年中国核桃进出口情况

单位:万吨、亿元

指标	2019年		2020年		2021年		2022年		2023年	
	壳果	仁	壳果	仁	壳果	仁	壳果	仁	壳果	仁
进口量	0.44	0.23	0.55	0.08	0.39	0.1	0.41	0.02	0.28	0.16
进口额	0.84	1.05	1.04	0.41	0.64	0.39	0.69	0.09	0.48	0.06
出口量	7.4	2.05	7.25	2.31	10.43	4.99	8.42	4.45	15.17	6.63
出口额	15.37	8.39	11.61	8.06	15.31	14.77	12.62	13.30	19.48	17.89

资料来源:中国海关统计数据。

据共研网统计,近年来我国核桃表观消费量增幅明显,2014年中国核桃表观消费量为272.20万吨,至2021年已达530.31万吨,增长94.82%。可见,国内市场已成为中国核桃主要的消费市场,核桃销售仍以核桃仁及仁类休闲食品生产

为主,主要的销售企业及品牌如表6-2所示。

表6-2 核桃仁加工企业及主要品牌

类别	企业/品牌	备注
核桃仁加工	天虹牌、镇臻美味、香先笙、南涧红云、工投顺宁	生产核桃仁
休闲食品零售	三只松鼠、良品铺子、百草味、问君、姚生记、新边界、比比妙、好想你	销售核桃仁、核桃枣
2023年核桃仁十大品牌	良品铺子/BESTORE、来伊份、楼兰蜜语、百草味、三只松鼠、楼兰红枣、詹氏、西域美农、野三坡、寒山石	—

四、对核桃文旅行业发展引领作用

核桃树体高大,枝叶繁茂,树姿雄伟,干直圆满,叶荫浓,核桃树依山顺势从谷底向上延伸,连绵不断,青山绿水相互映衬,景色迷人,形成了优良的自然生态环境。在几千年的核桃栽培利用中,由于其形态、特征、果实及材质等逐步被人们认识,原本是自在之物,却与人们的生产、生活,甚至思想观念联系越来越紧密,并由原来单纯的树木演变为多彩的文化现象,其自身也完成了由物质到文化的价值转变。

以云南省漾濞县光明村为例,该村有百年以上的古核桃树6000多棵,是远近闻名的"核桃村"。这几年,核桃干果从每公斤30多元一路下滑到10多元,光明村开始转变发展策略,利用村里的好环境,把生态旅游办起来,让村民个个有活干、家家有奔头。依托当地生态环境和古树核桃资源优势,光明村通过招商引资,在村里打造了一批云上四季花海、草坪咖啡馆、民宿等乡村旅游项目。短短两三年时间,"核桃村"摇身变成"网红村",并被游客赋予"云上村庄"的美誉。

2015年开始,光明村引入旅游开发企业发展乡村生态旅游。2019年,村里旅游收入近200万元。就连条件较差的鸡茨坪小组,都探索出旅游入村、土地入股、核桃入社、产品入网、院子入景的"五入"模式,一时成了旅游"网红村",高峰期每天接待游客四五千人。在旅游公司运营下,光明村建成云上四季花海、草坪咖啡馆等。鸡茨坪小组周边73家农户有75人在家门口就业，增收180多万元；将150多亩土地经营权以入股、出租和流转等形式转给公司，42户农户收入共400多万元。

总之，核桃是我国传统的优良乡土树种，具有较高的开发潜力和很高的利用价值，对于建设美丽的新农村具有重要的现实意义。重视核桃栽培和加工，大力发展核桃产业，既教化后代，也服务当代，意义甚为深远。

第三节　区域经济发展

一、核桃产业对云南省及其县域经济发展的重要作用

云南省地处低纬高原，具有四季温差小、干湿季分明、光热资源丰富等特点，优越的气候环境、良好的资源禀赋及悠久的种植历史孕育出了云南独特的核桃类型和品种，成为世界深纹核桃的起源中心。云南深纹核桃具有"抗性强、仁白、肉细、味香、脂肪含量高、耐储性好"等优良品质，富含磷脂、褪黑素、维生素E等功能性成分，深受市场欢迎。多年来，在各级党委、政府和广大山区人民的持续努力下，核桃产业已成为云南覆盖面最广、汇集群众最多、助力脱贫攻坚作用大、生态效益显著的高原特色农林产业。2022年全省核桃种植面积4300万亩，产量191.3万吨，产值587亿元，均位列全国第一，在支撑云南山区经济社会发展中占有重要地位。核桃产业对云南省及其县域经济发展的重要作用体现在以下几个方面。

首先，对脱贫攻坚和乡村振兴起到了重要支撑作用。全省129个县市中已有116个县市进行规模化核桃种植，种植面积超100万亩的12个、50万～100万亩的25个，覆盖2000多万农村人口。核桃已成为山区群众增收致富的主要来源，主产区农村人均收入达1500元，漾濞、永平、凤庆、大姚等重点县人均收入达3000元以上。随着挂果面积的逐渐增加，产量将大幅增长，核桃产业将在巩固脱贫攻坚成果、实施乡村振兴战略中继续发挥重要支撑作用。

其次，对生态建设发挥了重要作用。云南省核桃产业是按照"生态建设产业化、产业发展生态化"的发展思路，通过退耕还林、天保工程、陡坡地生态治理等工程建设，核桃林已为全省贡献了7个多百分点的森林覆盖率，发挥着涵养水源、防治水土流失、美化环境、木材储备和固碳等巨大生态功能，年生态服务价值超过2000亿元。

最后，为保障国家粮油安全开辟了新途径。核桃是国家列入重点发展的木本油料树种，果仁既能加工出大量营养价值高的休闲食品，又能生产出优质食用植物油。全省现有核桃面积全部丰产后，干果产量将超过400万吨，每年可储备或加工核桃油100万吨以上，这对"藏粮于树"、"藏油于树"、保障国家粮油安全具有重要的战略意义。

二、核桃产业对新疆维吾尔自治区经济发展的重要作用

核桃产业在新疆维吾尔自治区经济发展中具有举足轻重的地位。近年来，随着核桃产业的迅速发展，不仅促进了新疆农业经济的发展，提高了农民收入，还为新疆产业结构优化升级和农村振兴战略实施提供了有力支撑。

核桃产业对新疆农业经济发展具有重要意义，作为新疆特色林果业的重要组成部分，其产量和品质逐年攀升。据统计，截至2022年，新疆核桃种植面积达到630万亩，年产量125万吨（占同期坚果产量144.52万吨的86.49%），产值近百亿元。核桃产业是新疆地区农民增收致富的支柱产业，部分地区其经济收入占农民全年经济收入的40%以上。

核桃产业的快速发展为新疆农业经济增长注入了强大动力，成为推动农村经济发展的有力引擎。核桃种植作为一种劳动密集型产业，对劳动力需求量大，为当地农民提供了丰富的就业机会。产业的快速发展使农民收入逐年增长，助力脱贫攻坚，提高了农民生活水平。新疆核桃产业在规模、技术和市场方面具有明显优势，逐渐形成了产、供、销一体化的发展格局。核桃产业的崛起带动了相关产业链的协同发展，如核桃加工、物流、包装等产业，为区域产业结构优化升级奠定了基础。同时，核桃产业具有较高的生态效益和社会效益，对

土地、水资源和气候等生态环境具有较强的适应性。

核桃产业作为新疆特色优势产业之一，不仅在新疆维吾尔自治区经济发展中发挥着重要作用，而且还具有广阔的发展前景和巨大的市场潜力。新疆维吾尔自治区继续加大对核桃产业的支持力度，通过加强科技创新、推进品牌建设、加强产业链整合和强化政策支持等措施的实施，充分发挥区域经济发展优势，推动核桃产业高质量发展。此外，核桃产业在促进农民增收的同时，还有效助力乡村振兴战略实施。自治区政府将核桃产业作为乡村振兴的重要抓手，通过政策扶持、技术培训、资金支持等手段，引导摆脱贫困地区农民发展核桃产业，支撑乡村振兴。

三、核桃产业对陕西省各区县经济发展的重要作用

核桃产业作为国家的重要战略产业，不仅促进了当地人民的就业和增收，同时为国家食用油的自给自足提供了重要支撑。核桃产业作为陕西农村发展、农民增收的重要支柱产业，受到了省委、省政府的高度重视和有力扶持，特别是在陕西的11个市、67个区县的广大农民朋友，都十分重视核桃产业的持续发展。经过多年努力，全省核桃基地建设初具规模。面积在10万亩以上的有22个县区，面积居前10名的县区有洛南县、商州区、陇县、宜君县、山阳县、耀州区、丹凤县、柞水县、黄龙县和商南县。核桃在陕西各重点区域得到了稳定发展，对各区县经济发展发挥着举足轻重的作用，主要体现在以下几个方面。

首先，带动了全省核桃产业集中一体化发展。在陕西，核桃产业集中度最高的地区是商洛市，近年来种植核桃的面积稳定在352万亩，全市7个区县都把种植核桃当作当地农村和农林业发展的首要任务来抓。目前，洛南县种植核桃的面积稳定在70万亩，年产量4万余吨，是陕西省核桃第一县，洛南县委、县政府十分重视核桃产业的全方位、全产业链发展，不仅重视核桃的种植、加工和深加工，还十分重视核桃的营销工作。2019年洛南县投资3.2亿元，建成占164.5亩、建筑面积7.8万平方米，西部地区规模最大的集研发、加工、贮藏、交易、物流、销售于一体的现代化多功能核桃产业园区。园区吸纳10余家加工

企业、12家电商企业、32家合作社入园，年可加工核桃干果、核桃仁67万吨，仓储物流核桃可达100万吨，实现产值65亿元，上缴税金5000万元。可就近吸纳永丰及西城区移民搬迁点1000多名群众就业务工，实现年人均增收2万余元。2022年，洛南县投资2.7亿元，配套建成了占地165.5亩，以核桃为主的农特产品仓储、物流、加工、包装、冷链及配套服务于一体的西北核桃物流园，可实现年加工核桃干果、核桃仁67万吨，有力带动了洛南核桃一二三产高度融合发展。陕西安康市目前核桃基地规模突破200万亩，位居全省第二。近年来，安康全市累计发展20万亩以上核桃重点县区6个、万亩重点镇55个、千亩示范村352个、百亩大户321个，核桃种植总面积达到206.33万亩。截至目前，全市的核桃生产、加工、销售体系基本形成，全市培育核桃种植和初加工企业47个、精深加工企业5个、合作社102个，生产开发鲜果、坚果、核桃仁、核桃油等系列产品30余个，成功注册"秦智、瀛天、龙腾、俏安康、轩诚、福美"等一批核桃产品品牌。商洛和安康核桃产业的发展大大带动了全省核桃产业的一体化发展。

其次，借助优势引领全国核桃产业发展。近年来，商洛借助"中国核桃之都""陕西核桃强市"等优势，集中打造中国·西北核桃交易中心、中国·商洛核桃文博馆、核桃电商平台及西北核桃物流园、商洛核桃大市场等一批核桃市场交易、文化交流载体，全方位推进核桃产业科技创新，扩大对外宣传推介，积极推进核桃一二三产融合发展，初步形成了买全国、卖全国的市场格局。洛南县政府与新华社中国经济信息社联合于2019年建立了"新华·全国核桃价格指数发布平台"。为生产者和经营者较为准确地提供核桃产业链各环节价格走势指数。该价格数据采集系统汇集了云南、新疆、陕西、山西、河南、河北、甘肃、四川8个核桃主产省区，24个主要核桃生产县核桃坚果和核桃仁的价格信息，旨在精准反映我国核桃价格的变化水平，为政府监测、科学种植、贸易决策提供风向标、晴雨表和避雷针。

最后，带动全省经济发展。据不完全统计，目前，洛南县每年加工销售核桃仁近3万吨，有近一半来自新疆、山西、甘肃及洛南周边区等地区。仅核桃仁加工销售每年就有近10亿元产值。目前，洛南县核桃从业农民人均收入4500元，占全县农民可支配收入的30%以上，核桃产业已成为洛南农村经济发展和农民增收的支柱产业。在出口环节，洛南县企业创新思路，把以往废弃的核桃壳做成猫砂卖到国外，形成了产业闭环。目前，洛南县大力支持对核桃壳废弃物的开发，年加工核桃壳1万吨，生产的核桃壳粉、化妆品用粉、核桃壳堵漏颗粒、猫砂等产品热销美国、加拿大、阿联酋等多个国家和地区。延安市黄龙县2023年核桃种植面积达到28万亩，产量达8768吨，产值达到1.14亿元。铜州市宜君县2023年核桃种植面积15.1万亩，核桃产量1.63万吨，产值1.97亿元（2023年全县总产值53亿元，核桃产业3.7%），从事核桃产业人员4200人，人均核桃收入3395元，约占人均纯收入的30%，山区主产乡镇占比达50%~60%。渭南市临渭区2023年核桃栽植面积14.8万亩，年产核桃干果8000多吨，年产值近3亿元。核桃产业在陕西省多个县市发挥着支柱产业的作用，并在一定程度上对全国的核桃产业起到引领作用。核桃产业充分带动了陕西省的经济发展和相关产业的技术发展，提高产品附加值并带动农村就业。

第四节　农民就业增收

一、对促进云南省农民就业增收情况

云南全省核桃基本上分布在脱贫攻坚地区，形成规模化种植超100万亩的有12个县（市、区）、50万~100万亩的25个县（市、区），覆盖2000多万农村人口，已形成4470多户核桃中小企业和众多的个体工商户；核桃从种植、管理、采收到加工，提供了大量的社会就业岗位，为贫困群众脱贫致富创造了收入来源。主产区果农人均收入达1500元，最高的地方超10000元。云南省88个脱贫县经济林果总体产值为367.8亿元，相关从业者从经济林果所获得的收入为4000元左右。具体来说，核桃产业赚取的整体收入在整个经济林果中占比高达70%。从创造就业岗位来看，核桃从采收到加工，需要大量劳动力，特别是核桃的手工剥壳取仁，为农村劳动力提供了就地就近就业的机会，上千万农村中老年人坐在家门口敲核桃仁一天就能获得报酬80～150元。核桃初加工推动县乡孕育了4400多户中小企业和15000多个体工商户，为大量的劳动力稳定就业创造了条件。核桃产业已成为云南覆盖面最广、惠及群众最多、持续发展空间最大的高原特色产业之一。对于众多要脱贫致富的云南大山深处的人们，核桃承载着他们致富的梦想与未来的希望。脱贫县的核桃产业，直接带动与影响了农户的收入水平，这对巩固山区的脱贫攻坚成果、全面实施乡村振兴有着积极的推动作用与意义。当前，核桃产业已然是云南山区地带，为农民带来的收益最多、极具特色化的一项绿色产业，这对当地打造高原特色的现代农业有着积极的促进与发展意义，更对发展"绿色食品牌"、提高农民的收入水平有着深远的推动意义与作用。随着挂果面积的逐渐增加，产量将大幅增长，核桃产业将在巩固拓展脱贫攻坚成果、全面实施乡村振兴战略中继续发挥重要支撑作用。

以漾濞县为例，由于漾濞彝族自治县核桃种植面积广、产量大，在核桃采收、加工方面对劳动力的需求量较大。因此，当地较多居民从事与核桃产业有关的工作，包括核桃的采摘、管护、初加工等，吸纳当地劳动力的主体主要为当地的核桃初加工厂、核桃精深加工企业、核桃管护公司、核桃专业合作社等生产经营主体。漾濞县内拥有核桃初级加工户500余户，核桃初级加工每年均可解决1.5万人左右约5个月的劳动就业问题。核桃初级加工户是当地主要劳动力吸收者，在核桃初级加工阶段，其中核桃的收购、脱青皮、漂白洗涤、烘烤等阶段雇佣对象主要为当地男性劳动者，工资日均120～200元。核桃的分级、剥仁阶段雇佣对象主要为当地的妇女、老人，工资日均30～100元。当地拥有核桃精深加工企业10余家，其中大理漾濞核桃有限公司就吸纳当地劳动力近200人，拥有固定职工82人，临时员工100余人。荣漾核桃管护公司培养核桃管护作业人员，对当地以及周边县市的核桃进行管护，吸纳劳动力200余人。漾濞核桃专业合作社针对自身没有入社资源的农户，针对其自身特点，在其能力范围之内为其提供专门的就业岗位，吸纳当地建档立卡户就业，如箐口核桃专业合作社吸纳了县内58名脱贫户就业。

二、对促进新疆维吾尔自治区农民就业增收情况

新疆核桃的栽培历史悠久，是我国最早种植核桃的地区之一。近年来，地方政府将核桃产业作为区域经济与社会协调重点发展的特色优势产业，积极通过政策扶持、技术指导、市场开拓等多方面举措，有力地促进了新疆核桃产业的快速发展。核桃产业的蓬勃发展，不仅丰富了核桃种植区域的农业产业结构，提升了区域经济和社会经济发展水平，更为核桃产区的农民提供了就业增收的重要途径。

核桃加工业的发展为农民提供了丰富的就业机会。随着核桃产业的快速发展，以龙头企业为纽带，创新合作模式，创新利益联结形式，实施贸工农一体化、产加销一条龙的生产经营与合作模式，核桃加工企业不断壮大，对劳动力需求逐年上升。通过带动推进产业标准化、开展企社农协同联结等多种方式补齐行业"短板"，核桃加工产业链条长，涉及种植、采摘、脱皮、脱苦、加工、销售等多个环节，为当地农民提供季节性就业岗位，有效缓解农民就业压力。同时核桃产业带动了相关产业的发展，形成了产业融合发展的新格局。通过一二三产不断融合，核桃产业的发展带动了农资、物流、包装、乡村旅游等关联产业的迅速发展，为农民提供了更多的就业选择。同时，核桃产业链的延伸，还促进了农村电子商务、农产品深加工等新兴产业的发展，为农民创业提供了新的机遇。

2019年在自治区人民政府的大力扶持下，通过实施林果业提质增效工程，在阿克苏、喀什、和田核桃主产区开展核桃密植园改造、有害生物生态防控、水肥调控，强化林果技术服务队建设等一系列措施，扎实做好核桃提质增效工程，核桃产量稳步提升，核桃品质进一步提高。随着核桃产业的快速发展，以龙头企业为纽带，创新合作模式，创新利益联结形式，实施产加销一条龙的生产经营与合作模式，核桃加工企业不断壮大，对劳动力需求逐年上升。

多年以来，新疆维吾尔自治区人民政府通过加强种植基地建设、品牌建设、产学研一体化发展、市场营销体系建设以及产业融合发展等多方面措施，

推动核桃产业可持续发展，这有助于提高农民的收入水平和生活质量，同时为农民提供了丰富的就业机会，带动了农民增收，促进了产业融合发展。未来，新疆维吾尔自治区将继续加大核桃产业扶持力度，推动核桃产业转型升级，为实现乡村振兴战略目标、助力农民增收致富奠定坚实基础。

三、对促进四川省农民就业增收情况

四川作为全国核桃资源和生产大省，在全国核桃生产中占有十分重要的地位。发展核桃产业已成为推进四川广大山区可持续致富的重要抓手，是增强四大连片特困地区自我发展能力的最适产业，核桃发展具有广阔的前景。随着种植规模扩大，核桃产业使农民获得更多的就业机会，促进农民增收。核桃产业促使农民提升技能，适应市场和技术变化，增强综合素质和就业竞争力。

广元市沙河镇罗圈岩村、唐家村和广元市宣河核桃专业合作社就是核桃产业促进农民增收的生动例子。广元市沙河镇罗圈岩村面积22.4平方千米，下辖14组589户2216人。种植核桃5000余亩，人均2.5亩50余株，年产核桃750余吨，产值1200余万元，人均核桃收入5500余元。唐家村调整农业结构，发展核桃产业，推行"一村一品"，生产"朝天核桃"，走中高端市场，核桃销售价格持续走高，农户人均增收4000余元。核桃产业成为致富增收的主导产业。宣河核桃专业合作社提供产前咨询、产中技术指导、产后收购、初加工和营销综合经营模式，2023年销售收入740余万元，利润82万余元，入社社员户均近万元，稳定了奔康致富基石。

此外，凉山州宁南县幸福镇茶岭村和盐源县大水田村也通过发展核桃产业，进一步夯实了林业发展后劲，逐步建成了美丽乡村。凉山州宁南县幸福镇茶岭村在核桃产业发展中，通过科技赋能、载体扩张和兴林致富等措施，实现了从单一核桃种植到复合、生态、高效的增收之路的转变。同时，还探索了"公司+基地+农户"、"专合组织+家庭林场"和"典型大户示范带动"等现代林业发展模式。凉山州盐源县大水田村构建"公司+合作社+农户"模式，建立5000亩"盐源早"良种核桃果穗兼用采穗圃基地，培训450余人的核桃嫁接专业技术队伍，通过穗条销售和外出提供技术服务创收600万元以上。核桃产业助力村民实现"奔康梦"，2022年人均收入达2.75万元以上，成为远近闻名的"致富村"。

核桃是四川重要的干果经济林树种，对促进农民就业增收具有重要意义。核桃产业已经成为四川农民就业增收的重要推动力之一。随着市场的扩大，核桃产业将提升更大的产业效益，并将继续发挥更大的潜力，助力乡村振兴和实现种植户奔康致富的梦想。

四、对促进陕西省农民就业增收情况

核桃作为陕西传统农林产品和农民就业增收产业，长期以来得到了省市林业部门的高度重视，特别是商洛市，核桃是最具优势和潜力的传统产业，市委、市政府高度重视，常抓不懈。目前，陕西省从事核桃苗木育种、生产、科研、加工、销售等一二三产的相关人员约100万人，年综合产值近150亿元，人均核桃年收入达到4000元。

以商洛市为例，2023年末全市核桃总面积达到352万亩，产量达11.46万吨，综合产值突破50亿元，带动全市8万户贫困户、30万人就业增收。核桃是商洛市特色长效产业，商洛市核桃研究所通过科技手段，先后与洛南苏冯村、商州区任家村、张底村等村，用技术入股联建核桃良种园，抓点示范。与洛南秦丰化工有限公司采用专利入股合作，生产推广核桃专用肥，累计推广10万亩。推动核桃专业合作社建设，采取承包、入股、托管、租赁、拍卖等形式，促进核桃规模化发展，提高果农核桃收入。商洛市还抓核桃科技示范工作，示范点果农核桃收入大幅提高。商州区任家村在五龙山核桃专业合作社带领下，人均核桃收入达到4400元，核桃产业成为当地群众实实在在的致富支柱产业，带动3.2万户、10.5万人依靠核桃产业实现了增收，巩固了脱贫攻坚成果。

商洛盛大公司2023年通过政府招标采购形式，为商洛及周边地区提供优质红仁核桃嫁接苗、接穗25万株（条），加上核桃壳系列产品销售，全年营收5000万元以上。公司的发展示范带动了200多名群众增加收入160多万元，为群众就业增收和乡村振兴作出了突出贡献。洛南县投资3.2亿元，建成占地面积164.5亩、建筑面积7.8万平方米，集研发、加工、贮藏、交易、物流、销售于一体的现代化多功能核桃产业园区。园区吸纳10余家加工企业、12家电商企业、32家合作社入园，年可加工核桃干果、核桃仁67万吨，仓储物流核桃可达100万吨，实现产值65亿元。可就近吸纳当地1500多名群众就业务工，实现年人均增收2万余元。

第五节　促进科技进步

一、对科技团队建设的促进作用

国内从事核桃研究的团队主要有中国林科院林业研究所、中国农业科学院农产品加工研究所、中国科学院、河北农业大学、西北农林科技大学、北京农林科学院、云南省林科院、新疆林科院、新疆农科院、山西林科院、四川林科院、山东林科院、贵州林科院等科研院所。

根据Web of Science数据库分析结果表明，全球共有902个机构发表了有关核桃研究的文献，我国西北农林科技大学和中国科学院为外刊发文量前10位的机构，近10年发表文章分别为36篇和35篇，可见中国对于核桃的研究相对来说比较集中，研究及发表文章数量较多，在国际中占有非常重要的地位。在CNKI发文量最多的机构分别为西北农林科技大学、河北农业大学、新疆农业大学。总体来说，美国在核桃研究上的发文量、机构最多，处于世界领先地位，与发达国家相比，我国核桃研究偏向于产业发展、实用技术、人体健康关系、多酚类物质抗氧化活性、核桃遗传资源的开发利用、遗传改良及分子生物学研究等方面，在核桃仁的深加工以及青皮、果壳、叶、花和枝的开发利用方面有待于更深层次的研究，以提高核桃产品的附加值和核桃资源的利用率。近些年，国内核桃研究人员、相关文献不断增加，核桃科研与产业发展迅速，研究论文的数量和质量都有很大提高，但要客观认识到现阶段我国核桃科学文献学术影响力还有待进一步提高以及高水平期刊发文量较少、核心专家人数相对较少、机构间的合作交流相对缺乏、各地基础发展欠账较多、区域发展极不平衡的复杂状况。目前，我国核桃学科主要与农业、生命科学、分子生物学、环境科学、食品加工等学科交叉，并期望能产生一些理想与成熟的交叉学科具有竞争优势的研究方向，通过加强经费投入、人才引进，加强国际合作以及高水平团队建设来推动我国核桃的深入研究，缩短与发达国家差距，提高我国在核桃研究领域的国际影响力。

目前，国内从事核桃研究的国家级创新平台为国家发改委"高原木本油料种质创新与利用技术国家地方联合工程研究中心"。依托江南大学成立的国家功能食品工程技术研究中心，开展核桃加工相关研究工作。此外，西北农林科技大学建有陕西科技厅的"陕西省核桃工程技术研究中心"，贵州省核桃研究所建有贵州省科技厅的"贵州省核桃工程技术研究中心"，山东省林科院建有"国家林草华东核桃工程技术研究中心"，云南省林业和草原科学院建有"国家林业和草原西南核桃工程研究中心""云南省木本油料技术创新中心""云南省木本油料工程技术研究中心""云南省木本食用油工程研究中心"。这些团队和平台的建设，对于核桃产业科技进步、技术转移转化都起到了关键支撑作用。

二、对科研项目立项的促进作用

随着核桃产业的发展壮大，国家和各级政府均对核桃产业高度重视，近年来，科技部先后立项"特色经济林优异种质挖掘和精细评价""主要经济作物优质高产与产业提质增效科技创新""特色经济林重要性状形成与调控""特色经济林优质轻简高效栽培技术集成与示范""特色食用木本油料种实增值加工关键技术""新疆核桃等特色油料作物产业关键技术研发与应用"等多个国家重点研发项目，开展核桃从种质资源挖掘、品种选育、轻简化栽培及采后加工技术的应用研究工作。

科技部立项"早实核桃优异性状遗传解析与种质创新""南疆核桃链格

孢菌叶斑病侵染与流行规律的研究""核桃青皮提取物对肉用仔鸡机体抗氧化性能的影响及抗菌机理研究""云南核桃种质资源的多样性及核心种质筛选""云南深纹核桃核心种质、古龄群体和选育品种的群体基因组学研究""核桃无融合生殖研究""新疆薄皮核桃壳脆裂断面细胞变异及各向异性破碎机理研究"等重点和地区基金项目，主要开展核桃全产业链关键机理研究。

此外，各省（区、市）也加强对核桃产业的科技支持，以云南省为例，"十四五"以来省科技厅先后支持云南省重大科技专项计划项目"核桃抗氧化调控及高值化利用关键技术研发与应用""核桃高值化加工关键技术集成创新与示范""核桃抗冻肽研发""核桃产业关键装备制油工艺及蛋白高效利用系列产品研发"等重大科技专项，着力解决目前核桃采收采后装备及加工产业中所面临的关键技术问题。

三、对科技成果产出的促进作用

根据CNKI核桃成果统计，目前涉及核桃的成果较多，共1039项，主要涉及核桃资源挖掘、品种选育、高效栽培、加工利用等全产业链研究方面，并有部分为单项产品、装备研发及标准制定。据不完全统计，在核桃研究方面，中国林科院荣获国家科技进步二等奖1项、三等奖1项，梁希科技进步一等奖1项；云南省林业和草原科学院获国家科技进步三等奖1项，省科技进步特等奖1项、二等奖6项、三等奖2项；西北农林科技大学获省级科技进步一等奖2项、二等奖4项；新疆农科院省部级一等奖1项、二等奖2项，山西林科院获省部级科技进步二等奖、三等奖各2项；新疆林科院获省部级二等奖2项、三等奖1项；河北农业大学获省级科技进步二等奖2项，山东果树所、四川林科院、贵州林科院、昆明理工大学等也获得了省级科技奖励二、三等奖。相关奖项主要为核桃育种和栽培技术方面，少量涉及核桃加工技术。

以云南省林业和草原科学院等单位获得的2018年度云南省科技进步特等奖"云南核桃全产业链关键技术创新与应用"为例，该成果针对云南省特殊区域对良种的迫切需求，全面调查核桃资源3076份，收集评价2005份，其中深纹核桃1931份，建成全球深纹核桃数量最多的种质基因库；选育出避晚霜、加工专用、适宜低海拔发展良种37个，解决了冷凉区核桃频繁遭受晚霜灾害的重大难题，填补了中低海拔区无良种栽培空白，有力推动了核桃良种升级换代，降低了栽培风险，显著提高了经济收益。针对核桃专用肥缺乏、病虫危害风险高、投产晚、见效慢、采后处理技术落后等重大问题，研制出生物有机肥及配套设备；摸清病虫害种类、分布和天敌资源，形成重要病虫害综合防治技术，虫害率由超过50%降至9.09%，病害率由超过34%降至10.49%；发明早实早丰树体调控技术，收益期提早5年；探索出高效复合经营体系，综合效益每亩提高2000元以上；发明采收及采后标准化处理系列技术，全省40%以上实现标准化干燥，产品质量明显改善，价格提高1.5～3元/公斤。高效栽培技术对核桃基地提质增效起到重要支撑作用。针对云南省核桃精深加工关键技术的迫切需求，首次阐明核桃多酚降脂、降糖功效及其作用机制，提出核桃产品利用新途径；研制出高得率控温低温压榨、高效磨浆和超声微波水酶等新工艺、新技术和新装备；开发出蜜制核桃仁、粉末核桃油、核桃蛋白肽、核桃降脂减肥粉等新产品，确立核桃产品质量控制及掺伪定量检测新方法，有力促进云南省核桃产业转型升级。该成果为核桃产业发展进步起到了极大的促进作用。

第六节　总体评价

党的十九大报告中首次提出了"实施乡村振兴战略"的重大决策部署，乡村振兴战略成为社会主义新时代党和国家开展"三农"工作的总抓手。2021年6月，《中华人民共和国乡村振兴促进法》提出乡村振兴战略以开展促进乡村产业振兴、人才振兴、文化振兴、生态振兴、组织振兴，实现农业强、农村美、农民富为总目标。核桃是中国部分地区，特别是西南山区的主导产业之一，中国核桃资源丰富，是实现农业强、农村美和农民富的首选产业。

近年来，核桃价格低迷，核桃产业发展困境引起了社会的广泛关注。要改变核桃行业价格波动较大的局面，首先需要实现产销一体化。农民可以通过加入农业合作社、农业龙头企业等方式，形成产销闭环，减少中间环节，提高产业链附加值，从而保障农民的利益。与此同时，科学管理也是不可或缺的一环。引导农民科学种植、合理施肥、科学管理，确保核桃树的健康生长，提高核桃品质，有助于稳定市场价格。在市场推广方面，核桃行业可以通过品牌建设来提高产品的附加值。借助互联网和新媒体，推动核桃品牌知名度提升，让更多消费者了解核桃的独特之处，从而愿意支付更高的价格购买有品质保证的核桃产品。此外，注重核桃的包装和宣传，打造核桃的特色品牌，有助于在市场中树立核桃的高端形象。为了维护核桃行业的稳定发展，加强行业监管是不可或缺的一环。政府可以通过加强对核桃市场的监测，及时发布市场信息，为农民提供科学的种植建议，引导农业发展方向。同时，建立行业组织，促使产业链各环节加强协作，形成信息共享机制，有助于行业资源的整合，提高核桃行业的整体竞争力。

但从长远角度而言，核桃产业无论从生态价值、社会效益及经济效益方面依然发挥着重要作用，也将对行业促进、区域发展、全面乡村振兴发挥持续影响力。核桃作为一种高价值的农产品，其产业链的健康发展对农民、产业链各参与方都具有重要意义。在当前市场价格波动较大的情况下，通过全面的产业升级、科学管理、技术创新等多方面的努力，我们有望建立一个更加稳健的核桃产业体系。让我们共同努力，引领核桃产业迈向更加繁荣的未来。

第七章

核桃产业发展趋势与对策

第一节　引　言

核桃是温带地区栽培面积最广的经济林树种，也是我国第一大木本油料树种，我国是目前世界上核桃栽培面积和产量最大的国家。我国核桃种植以普通核桃和泡核桃为主，中国核桃种仁颜色浅白，涩味轻，香气足，品质极其优良。核桃可实行基地化种植，混农间作及四旁种植，发展核桃产业的土地资源丰富，自然生态条件良好，具备了生产绿色核桃的条件。近年来，各地各级政府把发展核桃产业提升到实施乡村振兴战略和实现可持续发展的高度，立足资源优势，扎实推进产业结构调整和转型升级，核桃种植模式已由零星、分散、小规模转向规模化；产业链各环节分工也更趋于细致和专业化。重点加工企业、龙头企业不断发展壮大，延长了核桃产业链，提高了核桃产品附加值，有力地带动了我国核桃产业发展。

核桃植株树根系发达，枝叶繁茂，树冠庞大，是水土保持、净化空气、调节气候、防风固土的经济生态树种，具有很好的生态效益。发展核桃产业，推动核桃科学种植，增加森林覆盖率，将极大改善山区生态环境，充分体现发展经济生态优先原则，符合绿色发展理念。发展核桃产业符合我国核桃产区的自然生态和社会发展条件，种植核桃极大地增加了广大山区群众的经济收入，是实现山区乡村振兴的有力武器，是实现农民生活富裕的重要途径。

核桃从原料源头到产品服务终端的产业链主要聚焦于核桃育种与种植业、原料利用与加工业、销售与贸易行业这三大环节。产业高质量发展需要在这三个环节上持续发力，降耗、节本、提质、增效。种质资源的多样性为核桃产业发展奠定了坚实的原料基础；核桃新品种选育、创新栽培技术和模式、新型核桃加工技术为核桃产业发展提供了技术保障；全产业链一体化销售与贸易为核桃产业发展提供了内在动力。针对各环节面临的机遇和挑战，我们分章节进行探究，提出对策和建议，以期为核桃产业高质量发展提供依据和参考。

第二节　发展趋势及存在问题

近年来，我国越来越重视核桃产业的发展。核桃品种结构持续优化，栽培面积已呈规模化，经营技术逐渐呈集约化，产量稳步提升，坚果品质不断提高，产业化水平也得到长足发展。尽管我国核桃产业得到了快速发展，但整体上依然面临"大而不强"的问题。低质低端供给过剩、高质高端供给不足，各区域发展不平衡。在育种与栽培、加工与利用、销售与贸易等方面仍有巨大的发展潜力空间。

一、核桃品种与种植

早期我国主要的育种目标是早实、丰产、质优，而后在不同的发展阶段逐步重视晚实、抗性品种（抗逆、抗病、避晚霜）、特异资源（红瓤核桃、紫皮核桃）和不同熟期的鲜食品种选育。目前我国选育的核桃良种多具有早实性状，早实核桃因具有"短童期""早丰产"的特性而被广泛种植，早实核桃的推广一定程度上满足了农户对于早收益的期望，但对栽培管理要求更细致，如果管理不到位，容易发生早衰，引起病虫害，影响核桃产量及经济效益。

我国核桃品种现今面临的主要问题有：①引进品种杂乱，无法保证苗木质量。在核桃产业快速发展期，由于良种苗木数量供应不足，导致引种不科学、异地购苗、品种杂乱现象极为普遍，甚至一些地区延续种子繁殖，采用实生苗木建园，品种种源不够明确，无法保证苗木质量，出现苗木抗性强弱、产量高低、坚果大小、种壳薄厚、取仁难易、种仁色泽、风味浓浅等问题。②引种品种区域适应性各异，良种化进程缓慢。我国不同地区的降雨量、热量、光照、积温、极端最高（低）温度、霜期等均有差异，品种的种植存在地域性和适应性，真正普适的良种并不多，使得品种化进程缓慢，筛选和创制本区核桃优系（种）显得尤为重要。③良种砧木缺乏，选育应用滞后。我国核桃砧木选育工作总体上处于起步阶段，砧木不统一，缺乏良种砧木，造成良种优势受到制约；同时无法利用砧木优势助力优化提升良种，形成新的轻简化、宜机化高效栽培模式。④核桃品种多样，用途定位不清。目前核桃品种选育多是基于抗逆性、丰产性、特异性、果壳薄厚等特性，对其加工特性缺乏充分考虑，而核桃坚果的果实特性、营养品质与核桃加工技术、工艺、产品是相辅相成的，核桃品种的用途定位不明确会直接影响后续的加工适宜性。⑤育种方法简单，技术亟待提升。我国核桃目前以常规育种为主，主要育种仍是杂交育种、实生选种等传统的常规育种方法，品种育成过程复杂、育种年限长、成功概率低。随着生物技术的发展，采用分子标记技术能有效减少亲本选配的盲目性，缩短育种年限，加快育种进程。今后相当一段时期，虽然常规育种仍是核桃品种改良的重要手段，但分子辅助育种将发挥越来越重要的作用，专用品种选育、果材兼用品种选育、熟期配套鲜食品种选育、特色品种选育和砧木品种选育将是主要的发展方向。

栽培管理技术仍需进一步加强，具体表现在：①山地种植限制，果园基础条件薄弱。核桃果园多数属于山地生态经济型果园，山地环境建设果园立地条件差，由于受立地条件的限制，基本设施缺乏，道路、电力等配套条件差，果园整地水平低，灌溉保证率低，机械化使用条件差。②日常管理粗放，光水肥料效不高。新建核桃园以纯园密植为主，许多密植园未按密植技术要求管理，整形修剪不及时，导致树形杂乱、果园郁闭现象突出，影响果实产量和品质。在肥水管理方面，受投入成本较高、核桃价格下降等因素影响，施有机肥的核桃园越来越少；大多数核桃园无灌溉条件，有灌溉条件的一般采取漫灌方式，节水灌溉和肥水一体化设施缺乏，果园土壤健康状况堪忧。③病虫草害加重，绿色防治技术缺乏。在核桃病虫害防治上，虽然有通过适地适树、保持树体通风透光、及时清理病枝果、加强中耕管理来减少病虫草害的爆发，也有利用杀虫灯、粘虫板、糖醋液和树干涂粘虫环带等物理防治，但核桃园仍以喷施化学农药为主。化学农药防控易造成残留污染，不利于绿色环保生态园的构建。④种植标准散乱，现代耕作制度缺失。种植业相关标准包括苗木质量标准、产地环境标准、种植规范、贮存技术标准（原料贮存、半成品贮存等）等诸多方面没有形成完整的配套体系,且家庭零散的经营管理模式,给标准的技术推广带来了很大难度,很多核桃种植相关的标准措施无法落实,日常管护不到位,产量品质得不到保障,制约了核桃产业的高质量发展,降成本、提高管理水平是产业发展的大势所趋,也是亟须解决的问题。⑤机械化程度低,农艺农机融合不足。受核桃栽培方式、经营方式、研发投入等多种因素限制,我国核桃的机械化在整形修剪、高效采收、节水灌溉、绿色防控、土壤管理、授粉等方面的应用尚处于试验、研发起始应用阶段,在人工修剪方面虽有电动修枝剪(锯)的助力、多功能作业平台的实验性应用,但自动化、智能化程度高和适用性强的成套修剪设备仍待研发。在核桃采收及采后处理机械方面,目前已逐步从试验研发走向生产应用,如采收机、核桃脱皮清洗机等,极大地提高了工作效率。核桃农艺农机融合虽然取得较大发展,但与生产全过程的机械化仍有较大距离。尤其是适合中国国情的核桃专属机械,其性能、智能化程度、适用性仍需进一步提高。⑥山地果园基础条件较差,农业设施缺乏。很多果园属于山地生态经济型,立地条件差,基本设施缺乏,灌溉保证率低,机械化使用率低。

二、核桃加工与利用

我国核桃产量不断增长的同时,核桃加工业同样获得了较快发展,产业链不断拓展增强,加工增值潜力很大。核桃加工类的产品包括初级加工与深加工两大类别,初级产品以核桃粉、核桃仁以及中药材等类别为主;深加工产品以核桃油、核桃蛋白、核桃饮料以及日化产品等类别为主。核桃加工业总体上还处于初级阶段,表现为仍以干果售卖和初加工为主,附加值低,产品技术较落后,深加工产品不够,产业链短且体系不够健全,深加工技术仍有待提升。

核桃产品的加工与其他果品加工有很大不同,核桃产品增值链条较长,涉及保健品、药品、食品、家具、工艺品、化妆品、化工品等多个领域。很多核桃加工产品的产量和产值维持在较高的增长水平,但目前,我国核桃下游加工企业的经济实力和科研创新能力不够强,精深加工产品种类少,产品较为单一,不能满足市场的需要。副产物(如核桃粕、青皮、种壳、分心木等)的利用程度低，在医药、保健和活性物质的研究利用上需要有更多创新的应用技术来引领。核桃浑身是宝，如果能加以综合利用、合理开发，实现产品多样化，将会有助于我国变核桃的资源优势为产业的经济优势。

现阶段，核桃加工与利用环节面临的主要问题有：①核桃加工适宜性评价标准体系尚未建立。建立客观有效的评价体系才能更好地对核桃品种进行分类，从而依据目标产品筛选出适宜的核桃品种进行加工，为核桃种质资源的合理利用提供依据。②加工层次浅，缺乏精深加工利用技术。对核桃果实烘烤制干、产品初加工和精深加工、新产品研发等关键技术攻关不够，核桃精深加工产品未得到充分开发。③生产不够规范，加工标准体系不健全。核桃初加工脱青、清洗、制干、分级、取仁各环节由于受到品种类型、产地环境与生产场地、设备等基础条件的影响，标准化生产执行标准具有一定的难度，初、深加工相关标准等有待进一步完善，标准体系尚不健全。例如，核桃采后初加工过程中，企业缺乏脱青皮、清洗、烘干、分级等方面的标准，会直接影响后续核桃精深加工产品质量，产品生产和加工过程缺少相应的技术规范，会导致产品的稳定性、均一性差，生产过程中的质量安全也得不到保证，使市场竞争力不足。④核桃加工装备研发投入不足，工艺与装备匹配度不高。装备研发投入不足，储备薄弱，创新能力不强，加工原料、工艺和装备脱节的问题成为制约核桃产业高质量发展的重要原因。由于研发能力和投入不足，装备制造业创新能力不强，突出表现在缺乏创新平台和创新主体，导致装备行业产品的低水平重复，低水平、低档次产品泛滥。许多小型加工装备制造企业仍停留在仿制外国产品阶段，拥有自主知识产权的产品较少。近年来，国家对深加工投入基本以加工工艺为主、装备为辅，过度偏向工艺开发，使得部分新工艺超前于新装备研发，工艺和装备脱节。⑤龙头带动不强，产业效益充分发挥难。我国核桃产业规模大，仅依靠一产难以提高产业的整体效益。核桃精深加工企业大多规模较小较弱，以生产核桃乳为主，对核桃消耗量不高。对大量消耗核桃原果经济效益好的粉、油、休闲食品研发力度相对滞后。企业加工产品粗放且同质化严重，没有从核桃特征和加工特性出发研制产品，也没有从弥补产业链不足的角度创新产品,导致加工业滞后,产业链短、附加值低,产品缺乏核心竞争力。市场上有较高知名度的产品不多,难以实现产业效益的充分发挥。

三、核桃销售和贸易

目前我国核桃产业已经有了初步规模和体系,但核桃所带来的经济效益仍旧不高。主要有以下几个问题:①销售模式单一,三产融合不足。很多种植户是散户栽培,没有参加任何组织,加上部分地区由于交通不便、消息闭塞等原因导致核桃的销售不畅,种植户直接面对小市场或者是活跃在民间的果品营销人员,这种销售模式战线长、中间环节多、缺乏市场监管、产品质量把关不严、种植户利益得不到有效保护,已经不能满足于当前的市场需求。核桃种植、加工、服务业三产融合程度不够,导致产业发展不均衡,缺乏"龙头企业+农户""农户+基地+企业"等一条龙的合作方式或其他创新合作共赢模式。②营销未达规模,市场开拓不强。核桃种类混杂,质量不一,在市面上销售也不统一,运输不够快捷,无法便捷地运送到核桃集散地,尚未构建较大规模、具备规范化体系的核桃存储和交易市场,销售网络有待进一步完善。从销售渠道的角度来看,有走量的贸易集市,有实体店铺,也有网上商城或直播带货,可以满足不同群体的消费需求。线上店铺仍相对较少,种类也大多是原皮核桃或炒货类休闲食品。一些企业推出了核桃加工产品,积极搭建线上销售平台,联合打造线上线下的互动销售,有效促进了核桃销售,但核桃产品种类不丰富,市场仍不够开阔。③品牌知名度低,市场认知度弱。各地政府部门对核桃品牌的打造、宣传、推介工作仍较为薄弱,缺乏强有力的核桃龙头企业在品牌、营销、市场方面的引领、推广和扩张。核桃作为具有强烈本土文化的果品载体之一,却缺乏文化元素,品牌文化较低,消费者品牌联想少,难以被消费者记忆、熟知,不能形成自身的品牌优势。一些具有较好口碑和技术的企业积极打造"有机核桃"产品,但宣传手段较为单一,宣传内容过于同质化,目标定位宽泛、模糊,营销策略不明确,缺乏对自身产品和消费群体的精准定位,使得品牌建设没有通过市场发挥出真正的品牌效益和经济效益。由于宣传效果不突出，知名度不够，国际、国内市场占有率有待提高，品牌尚不具备强劲的竞争力。④国际竞争力低，产品出口量少。我国虽是世界上最大的核桃生产国，但由于坚果品质和贸易保护等原因，出口贸易困难重重，在国际市场上占有率不高，国际贸易水平亟待提高。根据贸易情况，亚洲和欧洲为世界核桃产品的主要进口市场，北美洲和南美洲则是主要出口市场，单位面积产量低于发达国家，也反映出我国核桃产业大而不强，缺乏核心竞争力，出口贸易实力相对薄弱。

第三节　主要对策及建议

一、加强顶层设计，优化发展思路

核桃产业发展应走质量效益型的发展道路。要着力解决传统种植技术与基地化、集约化种植模式的不配套、不适应问题，必须坚持适地适树适品种适措施的原则，选择最佳适生区种植；要选择高产、高质、高抗，适宜现代栽培、市场需求的品种；要更新栽培理念，加强果园基础建设，改善果园生产条件，逐步推进省力化、机械化高效栽培。将核桃基地分为园林化种植庭院经营基地，森林化种植生态经营基地，园艺化种植集约经营基地，分别制定发展方向、技术和目标，分类指导、分区扶持，促进核桃栽培定向发展。通过提前结实，提高单产，增加种植者收益，为二三产提供利润空间。通过一产增产，二产提质，三产扩量的方式实现一二三产融合协调全面发展。

二、挖掘优势资源，科学选种育种

在今后的核桃育种工作中，要极大地发挥我国丰富的种质资源优势，深入开展核桃优良品种的选育研究，进一步挖掘具有区域特色的优良种质资源，如四川茂汶的香核桃、云南的红瓤核桃等。在品种培育目标方面，加大专用品种，如油用、鲜食品种、干食、不同熟期、抗病、抗旱等品种选育力度，加大核桃具广适性、矮化，抗病特质的良种砧木选育力度。

进一步加强生物技术在育种研究中的应用，有效避免核桃常规育种的不足。近年来，关于核桃基因组、转录组、代谢组等方面研究的报道已有很多，国内在核桃属植物转基因研究也取得一定进展。应用新的分子和基因组方法改良核桃，研究主要性状遗传规律，加大航天育种、胚细胞培育等育种新方法的应用，结合育种经验提升育种效率。

以地区为单位，采用"以选为主，引选结合"的方式，严格育种引种程序，充分利用当地品种优良性状，改良其不良性状，以选育出高产、高质、高抗、适宜现代化栽培、适宜市场需求、适宜当地生产栽培的优良品种，并对优良品种进行宣传推广，对品种劣杂的果园进行高接换种，完成核桃品种改劣换优，不断提高我国产核桃业良种化程度。

三、推进高效栽培，建立示范基地

构建科学合理的综合配套栽培管理技术体系，实现良种良法配套，以达到高产、优质、高效的目的，促进我国核桃产业的长久健康发展。在核桃主产区，推进蓄水池、作业道、轨道车等基础设施建设，以应对极端天气危害和降低劳动成本。推进多种节水旱作模式，如交替灌溉、根区灌溉等，以有效应对干旱灾害。在精细化增效上下功夫，推广水肥一体化等节水节肥管理措施，实施精确供水和科学施肥以降低水肥的浪费。

在全国每一主产州、市建立高标准的核桃集约化栽培示范基地，各州、市、县也建立相应的示范点，形成示范网络。运用矮化、早实、高抗新品种和园艺化、集约化、省力化的现代栽培技术，展示核桃的丰产栽培技术。通过持续示范，大力推广现代栽培技术与新品种，改变目前低产、低质，甚至只长树、不结果的现状，大幅提升单位面积产量，提高林农收入，确保核桃产业第一车间运行良好。

四、规范采收烘干，提升核桃质量

核桃采收和烘烤是核桃生产的重要环节，是提高核桃质量和价格的决定因素。核桃不成熟采收在全国不同程度存在，不成熟采收的核桃果实种仁不饱满、空瘪粒多、脱皮困难、营养不充足、口味不纯正、重量轻、质量差、价格低。因此，要在核桃主产区大力宣传，杜绝不成熟采收，提高核桃干果质量。由于南方核桃成熟季节雨水较多，无法自然晒干，必须采取加热烘干。为此，要加大扶持力度，大力推广烘干机，特别要扶持企业、合作社和大户建设先进的烘干生产线，集中烘干核桃，逐步以规模集中烘干取代千家万户烘干，保证核桃烘烤质量。在规范核桃采收、烘干的基础上，加快制定统一的采收、清洗、烘烤、分级、包装等标准，便于提高核桃坚果的质量。

五、加强精深加工，延长产业链条

随着核桃种植面积及产量的增加，必须加快核桃加工产业化步伐，通过深加工让核桃产品附加值得到提升，实现企业、农户收入增加，全力推动核桃资源优势转化为经济发展优势。为加强精深加工，延长核桃产业链条，亟待开展的工作是：①积极推进核桃专用品种选育，创建核桃加工专用品种筛选与品质评价技术体系，筛选核桃仁用、油用、蛋白用等加工专用品种，推进核桃生产加工机械化进程，实现核桃加工原料专用化，满足人们不断增长的健康需求。②突破核桃油稳定性提升、油脂修饰改性、核桃内衣去除、低残油低变性核桃蛋白制备、核桃蛋白改性增溶、核桃乳酪和核桃酸奶加工技术等难题，构建数字化全程生产控制技术体系，创新集成智能加工关键技术装备，实现科技含量和附加值高、市场竞争力强的营养健康核桃新产品创制。③加强核桃青皮、果壳、叶、花和枝的开发利用，开发核桃青皮产品（洗手液、洗发水、染发剂等）、核桃壳产品（工业产品添加物、猫砂）、核桃伴餐食品（米饭伴侣、核桃馅料）、核桃预制菜等，以提高核桃产品的附加值和核桃资源的利用率。

六、培强龙头企业，加快精深加工

着力改变核桃精深加工企业规模较小较弱，以家庭式分散生产为主的局面，大力培育核桃收购、营销，特别是精深加工龙头企业，才能将千家万户的小生产与千变万化的大市场连接起来，才能加快核桃精深加工、技术创新、品牌打造、市场开拓，才能转变发展方式、延长产业链、提高附加值，才能消化核桃原料，使核桃产业健康、持续发展。政府不仅要扶持核桃种植，也要加大对加工环节的扶持力度。

七、加快科技创新，夯实技术基础

建立健全适宜国情和发展需要的全产业链技术支撑体系及支持平台，从全产业链的关键环节入手，以标准的建立和技术推广为抓手，重点加强种质资源收集、新品种培育、良种推广等系统研究，建立核桃品种培育平台；通过山地标准化示范基地建设，研究推广山地丰产栽培技术，运用现代农业技术手段，建立标准化山地丰产栽培技术示范基地，提升核桃产量和品质。

建立品种选择、土壤科学改良、合理施肥灌水、整形修剪、有效防治病虫害、果实分级、采收、贮藏、加工及运输销售等一整套的完整核桃产业链标准体系，在标准化基础上，逐步实现机械化、规模化、集约化，提升核桃产品竞争力。同时对企业既要严格监管又要积极引导，监管企业严格实施我国核桃产业标准，让企业参与行业标准制定中，确保核桃产品质量达标，提升产品品质，并向无公害、绿色有机食品方向发展。

通过产学研相结合，提升科技创新能力，研发机械化高效栽培技术，并将科技成果转化为生产力。发挥农业林草业科研院所和技术推广部门的示范带头作用，建立地区示范网络，加大对先进核桃栽培技术的推广力度。在大力建设高水平研究机构的同时，重视中西部核桃科学研究机构的建设与发展，从而整体提升我国核桃科研竞争力。加强栽培管理技术队伍的建设，实现科技培训常态化，向农户普及科学种植技术，提升农户科技素质，提高核桃园管理技术水平，让科研成果在核桃产业中得到更好的应用，逐步提升核桃产业科技贡献率。

八、加强宣传推介，开拓核桃市场

（一）加强产品品质功能宣传

中国核桃多年来没有重视核桃品牌打造、宣传和推广，导致产品质量优良，而市场认知度低、产品知名度低的不利局面。今后应加快无公害农产品、绿色食品、有机食品、地理标志"三品一标"认证；加大中国核桃在各类平面媒体、广播、电视、网络的宣传，积极组织企业（合作组织）参与国际、国内各类展销活动，支持企业在全国大中城市设立销售网点、举办推介会，让世界更多地了解中国核桃，促进中国核桃走向世界，提高中国核桃的市场知名度、影响力、竞争力和占有率。

（二）加强销售网络体系建设

以市场为导向，加强市场销售网络体系的建设，构建有效的核桃营销机制，拓宽核桃销售模式。各地区可建立自己的"核桃交易中心"，为核桃产销提供平台，满足各地核桃产品流通，积极推进各地核桃产品大宗商品贸易，线上线下融合发展。在贸易流通方面，电商平台、直播行业的兴起，拓宽了核桃销售渠道。国内核桃加工企业可参考学习河北养元智汇饮品股份有限公司的分区域定渠道独家经销模式，以及线上线下相结合，建立营销网络，实现全方位、多角度的销售模式。龙头企业要起示范带头作用，积极扩大出口，增加国际市场占有率，提升我国核桃产业的经济效益。

（三）建立和完善信息服务平台

建立和完善农业科技信息、贸易信息等相关信息服务平台，以平台为载体聚集资源，使相关从业者有渠道获得最新的技术及贸易信息，了解最新市场动向，完善产业服务及贸易信息，提升核桃产业信息化服务能力。

我国农业农村部早已建立重点农产品信息平台，并开启对稻米、小麦、玉米、棉花等53种农产品价格、贸易等的监测。我国工商行政管理总局也建立了全国农产品商务信息公共服务平台，但包括核桃在内的100多种农产品近期价格在内的信息并不全面，公共信息服务平台建设仍然不够完善。应尽早建立和完善覆盖核桃生产、加工、销售和贸易的市场监测机制，并做好对核桃的产量、价格、产品流向、进出口贸易等方面阶段性的监测和预警。

在核桃主产区，推行核桃行业协会或专业合作社等组织，推动核桃产业专业化、规范化、标准化发展，提升核桃品质，增加效益，树立品牌意识。积极建立市场信息、品种资源信息平台，建立专家库系统实现互动互助，借助发达的网络获取最新产业信息，促进核桃产业健康发展。

附　录

2023年核桃产业发展大事记

一、相关政策

·2023年3月,工业和信息化部等11部门联合印发了《关于培育传统优势食品产区和地方特色食品产业的指导意见》(工信部联消费〔2023〕31号),明确了做大做强核桃加工全产业链的政策,一是丰富食用油原料品种,优化加工能力,建设核桃等食用油原料供应基地;二是鼓励食用油加工龙头企业发挥产业链主引擎作用,拓展核桃等地方特色食品产业链,强化上下游深度融合,扩大核桃油市场影响力,以品牌溢价带动产业发展。

·2023年,新疆维吾尔自治区编制完成《自治区绿色有机果蔬产业集群建设行动计划(2023—2025年)》《自治区现代林果产业体系发展分析报告》,起草完成《关于南疆林果产业链建设情况的调研报告》及《南疆林果产业发展专项行动方案(2023—2025年)》,加快打造具有新疆特色的现代化产业体系。组建核桃等产业技术体系专家团队,重点围绕品种选育、绿色生产、机械化应用、冷链物流、数字化管理等开展科研攻关、示范推广和技术服务。

·2023年5月,陕西网发布陕西省2023年第1号省总林长令,提出要促进核桃等特色经济林和林下经济高质量发展。

二、领导关怀

·2023年5月6—7日,贵州省委副书记、省长李炳军赴毕节市开展主题教育调研时,到赫章县深入核桃种植基地和农户家中,与基层干部、技术专家、核桃种植户、经营户等亲切交流，详细了解核桃产业发展、品种改良等情况。他强调，发展产业一定要坚持实事求是，尊重自然规律、市场规律，强化科技支撑，着力提高种植质量、提升产品质量。

·2023年5月9—10日，山西省委书记蓝佛安深入晋中市左权县、榆社县调研乡村振兴，到左权县麻田镇泽城村核桃产业示范基地，详细了解品种选育、生产加工、品牌培育等产业链发展情况。他指出，小核桃蕴含着大市场，要围绕"左权绵核桃"品牌，研、种、产、销齐发力，努力把核桃产业做成带富能力强、群众收益好的大产业。

·2023年7月15—17日，第十四届全国政协委员，原国务院扶贫办党组书记、主任，中国乡村振兴发展志愿服务促进会会长刘永富率队到新疆喀什开展核桃产业调研。调研组到叶城县新疆美嘉食品饮料有限公司调研核桃产业深加工情况，参观核桃系列产品生产线，详细了解原料收购、加工销售情况；赴巴仁乡五村调研核桃种植面积、产量、收益、林下间作、田间管理等情况后，刘永富指出，要充分发挥合作社作用，优化品种，科学种植，实现机械采收；调研组还调研了叶城县核桃交易市场。

三、重要研究项目

（一）国家和省级重大科技专项计划

·国家重点研发计划项目"主要木本油料树种产量与品质形成调控机制"，实施期限：2023—2028年，中央财政支持经费：1800万元，牵头单位：中国林业科学研究院林业研究所。

·云南省重大科技专项计划项目"核桃抗氧化调控及高质化利用关键技术研发与应用"，实施期限：2022—2024年，省财政支持经费600万元，牵头单位：云南省林业和草原科学院。

·云南省重大科技专项计划项目"核桃产业关键装备、制油工艺及蛋白高效利用系列产品研发"，实施期限：2024—2026年，省财政支持经费1200万元，牵头单位：云南省林业和草原科学院。

·陕西省重点研发计划"核桃果材兼用品种引进与栽培技术研究与示范"，实施期限：2021—2023年，省财政支持经费75万元，牵头单位：陕西大统投资股份有限公司。

·陕西省重点研发计划项目"红仁核桃丰产栽培及深加工利用技术研究"，实施期限：2021—2023年，省财政支持经费75万元，牵头单位：商洛盛大实业股份有限公司。

·新疆维吾尔自治区部省联动国家重点研发计划项目"新疆核桃等特色油料作物产业关键技术研发与应用"，实施期限：2022—2024年，自治区财政支持经费2000万元，牵头单位：新疆农业科学院。

·新疆维吾尔自治区重大科技专项项目"新疆核桃油精深加工关键技术研究与应用"，实施期限：2023—2025年，自治区财政支持经费2000万元，牵头单位：喀什光华现代农业有限公司。

·新疆维吾尔自治区重点研发计划"新疆核桃精深加工产品关键技术研究与应用"，实施期限：2022—2025年，自治区财政支持经费1000万元，牵头单位：和田惠农电子商务有限公司。

·新疆维吾尔自治区重点研发计划项目"核桃腐烂病高效生防微生物制剂的研发"，实施期限：2022—2025年，自治区财政经费490万元，牵头单位：新疆林科院经济林研究所。

（二）省级乡村振兴科技支撑计划

·云南省乡村振兴科技支撑专项"云南省大姚县核桃产业科技特派团"，实施期限：2021—2023年，省财政支持经费200万元，牵头单位：云南省林业和草原科学院。

·云南省乡村振兴科技支撑专项"云南省漾濞县核桃产业科技特派团"，实施期限：2022—2024年，省财政支持经费200万元，牵头单位：云南省林业和草原科学院。

·云南省乡村振兴科技支撑专项"云南省凤庆县核桃产业科技特派团"，实施期限：2022—2024年，省财政支持经费200万元，牵头单位：云南农业大学。

·云南省乡村振兴科技支撑专项"云南省永平县核桃产业科技特派团"实施期限：2022—2024年，省财政支持经费：200万元，牵头单位：云南农业大学。

·云南省乡村振兴科技支撑专项"云南省景东县核桃产业科技特派团"，实施期限：2023—2025年，财政支持经费200万元，牵头单位：云南省林业和草原科学院。

（三）科技示范推广

·中央财政资金林业科技推广项目"漾濞山地核桃丰产稳产优质技术示范推广"，实施期限：2022—2024年，中央财政支持经费100万元，牵头单位：云南省林业和草原科学院。

·中央财政资金林业科技推广项目"核桃疏密降冠技术推广示范"，实施期限：2022—2024年，中央财政支持经费100万元，牵头单位：云南省林业和草原科学院。

·中央财政资金林业科技推广项目"高品质有机核桃栽培技术示范推广"，实施期限：2022—2024年，中央财政支持经费100万元，牵头单位：云南省林业和草原科学院。

·中央财政林业科技推广示范项目"核桃果材兼用林高效栽培技术示范"，实施期限：2021—2023年，中央财政支持经费100万元，牵头单位：陕西省林业技术推广与国际项目管理中心。

·云南省省级林草科技推广项目"漾濞山地核桃林农高效复合经营技术示范推广"，实施期限：2022—2023年，省财政支持经费100万元，牵头单位：云南省林业和草原科学院。

·云南省省级林草科技推广项目"漾濞泡核桃古树保护与利用技术示范推广"，实施期限：2022—2023年，省财政支持经费100万元，牵头单位：云南省林业和草原科学院。

·云南省省级林草科技推广项目"永平核桃特优品种及配套高接新技术示

范推广"，实施期限：2022—2023年，省财政支持经费100万元，牵头单位：云南省林业和草原科学院。

·云南省省级林草科技推广项目"永平核桃种植基地提质增效综合技术集成示范与推广"，实施期限：2022—2023年，省财政支持经费100万元，牵头单位：云南省林业和草原科学院。

·云南省省级林草科技推广项目"楚雄州核桃提质增效技术示范与推广"，实施期限：2022—2023年，省财政支持经费100万元，牵头单位：云南省林业和草原科学院。

·云南省省级林草科技推广项目"泡核桃丰产栽培与林下复合经营技术示范推广"，实施期限：2022—2024年，省财政支持经费100万元，牵头单位：云南林业职业技术学院。

·2023年度新疆维吾尔自治区科技成果转化示范专项——科技特派员农村科技创业行动项目：

①由阿克苏市丰金博农业专业合作社联合社承担"棉花、核桃高效种植技术推广"项目；

②由新疆农业大学承担"核桃提质增效栽培技术推广示范"项目；

③由喀什众赢实业有限公司承担"核桃分心木加工技术推广应用与示范"项目。

·2023年度新疆维吾尔自治区科技成果转化示范专项——乡村振兴产业发展科技行动项目：由新疆艾利热穆食品开发有限公司承担"低糖核桃麻仁糖的生产推广与品牌建设"项目。

四、重要产业发展项目

·云南省漾濞县"一县一业"核桃产业示范县建设，实施期限：2023年，省财政支持经费3000万元，牵头单位：漾濞县人民政府。

·云南省凤庆县"一县一业"核桃产业示范县建设，实施期限：2023年，省财政支持经费3000万元，牵头单位：凤庆县人民政府。

·云南省2023年新建核桃初加工机械一体化生产线30条,实施期限:2023年,省财政支持经费1200万元,牵头单位:云南省林业和草原技术推广总站。

·昭通市2023年度核桃低效林改造(品种改良)示范项目,实施期限:2023年1—12月,省财政支持经费500万元,牵头单位:昭通市林业科学研究所。

·保山市2023年度核桃低效林改造(品种改良)示范项目,实施期限:2023年1—12月,省财政支持经费500万元,牵头单位:保山市林业技术推广站。

·曲靖市2023年度核桃低效林改造(品种改良)示范项目,实施期限:2023年1—12月,省财政支持经费500万元,牵头单位:曲靖市林业技术推广站。

·丽江市2023年度核桃低效林改造(品种改良)示范项目,实施期限:2023年1—12月,省财政支持经费500万元,牵头单位:云南省林业和草原科学院。

·怒江州2023年度核桃低效林改造(品种改良)示范项目,实施期限:2023年1—12月,省财政支持经费500万元,牵头单位:怒江州林业技术推广站。

五、重要成果

(一)授权发明专利

·一种核桃破壳及仁壳分离设备及加工生产线(CN116371733B),专利权:云南省林业和草原科学院;

·一种核桃油生产用立式混合搅拌结构及其榨油方法(CN116286164B),专利权:云南省林业和草原科学院;

·一种核桃抗氧化活性肽及其制备方法与应用(CN110628853B),专利权:北京市农林科学院;

·核桃膳面及其制备方法(CN106173942B),专利权:北京市农林科学院;

·核桃脱脂全粉及其制备方法与应用(CN106165870B),专利权:北京市农林科学院;

·一株防治核桃焦叶症的韩国假单细胞YBZ2及其应用(CN117229963B),

专利权：东北林业大学；

·一种提高核桃叶多酚脂溶性的方法（CN116440186B），专利权：贵州省核桃研究所；

·一种烟用核桃壳提取物、制备方法及雪茄烟（CN114788578B），专利权：湖北中烟工业有限责任公司、武汉黄鹤楼香精香料有限公司；

·一种核桃油精制过滤装置（CN117258416B），专利权：河北绿蕾农林科技有限公司；

·防治骨关节炎的辅酶Q10组合物（CN115779000B），专利权：广东润和生物科技有限公司；

·一种降血脂食用油配方及其制备工艺（CN115281250B），专利权：青岛葆福德生物医药科技有限公司；

·含坚果油的婴儿护肤油（CN115227624B），专利权：北京臻味坊食品有限公司；

·富含核桃磷脂和膜蛋白的营养功能性粉末油脂的制备方法（CN114916589B），专利权人：江南大学；

·一种核桃油中挥发性化合物的分析方法（CN114720610B），专利权：北京工商大学；

·一种提高核桃粕蛋白利用率的方法（CN114317660B），专利权：云南农业大学；

·一种核桃油微胶囊及其制备方法（CN114376230B），专利权：云南农业大学；

·一种枸杞果油和核桃油的组合物及其应用（CN114158621B），专利权：宁夏九宝生态农业科技发展有限公司；

·一种核桃油中诱导期的快速检测方法（CN114062297B），专利权：西北农林科技大学；

·一种高质量铁核桃油的压榨方法（CN113563964B），专利权：丽江永胜边屯食尚养生园有限公司；

·一种铁核桃油压榨用榨油装置（CN113650339B），专利权：丽江永胜边屯食尚养生园有限公司；

·一种核桃油皂基无硅油洗发剂及其制备方法（CN113599305B），专利权：湖南中医药大学；

·一种使用橄榄油和核桃油制备的改善记忆的制品（CN113481272B），专利权：中国科学院兰州化学物理研究所；

·一种清洁安全制取核桃油的加工装置与方法（CN113320207B），专利权：中粮工科（西安）国际工程有限公司、洛阳兆格环保科技有限公司；

·一种核桃乳加工用磨浆装置及方法（CN117123333B），专利权：山东独山寨农业发展有限公司。

（二）授权实用新型专利

·一种蜂蜜核桃生产用旋转蒸发仪（CN220476777U），专利权：云南永平红喻核桃产业有限公司；

·一种阿胶小丸子生产用红枣和核桃仁粉碎装置（CN220460858U），专利权：山东福牌阿胶股份有限公司；

·核桃油生产用日仓装置（CN220316040U），专利权：凉山亿丰油脂有限公司；

·一种核桃仁粉碎干燥一体机（CN220258253U），专利权：采云行者（云南）食品科技有限公司；

·一种核桃去壳装置（CN220588128U），专利权：三门峡华阳食品有限公司；

·一种用于输送核桃仁的三通道转换送料机构（CN220519414U），专利权：河北养元智汇饮品股份有限公司；

·一种用于核桃仁的匀速输送系统（CN220519363U），专利权：河北养元智汇饮品股份有限公司；

·一种核桃壳仁物料三轴分拣装置（CN220215837U），专利权：西南林业大学；

·风味核桃酱加工生产集成装置（CN219982065U），专利权：新疆农业科学院农产品加工研究所；

·一种核桃仁去衣加工设备（CN220044819U），专利权：核磨房饮品科技有限公司；

·一种枣夹核桃成型机（CN219961907U），专利权：三门峡华阳食品有限公司；

·一种核桃加工用下料除尘机构（CN220361504U），专利权：大姚广益发展有限公司；

·一种核桃仁真空脱涩灌（CN220192117U），专利权：河北养元智汇饮品股份有限公司；

·一种核桃加工肉质筛分自动化加工装置（CN220027740U），专利权：大姚广益发展有限公司；

·一种处理核桃仁的水循环系统（CN200512137U），专利权：河北养元智汇饮品股份有限公司；

·一种用于核桃仁的萃取脱涩装置（CN219500356U），专利权：云南善优农业发展有限公司；

·一种紫外线杀菌机的翻料机构（CN219981987U），专利权：喀什神恋有机食品有限责任公司；

·一种脱衣核桃仁包装机（CN220096828U），专利权：温宿县金核树农产品加工专业合作社；

·一种核桃去壳机的壳仁分离机构（CN219985401U），专利权：喀什神恋有机食品有限责任公司；

·一种深纹核桃开口装置（CN219982738U），专利权：临沧市林业科学院；

·一种核桃内种皮干法脱皮装置（CN219982015U），专利权：河北农业大学、北京工商大学；

·一种辊压式核桃破壳取仁装置（CN219352975U），专利权：云南善优农

业发展有限公司;

·一种核桃取仁机(CN220712802U),专利权:沧州万顷机械设备有限公司;

·一种核桃仁烘干装置(CN220648944U),专利权:云南紫江食品有限公司;

·核桃仁清洗设备(CN220293001U),专利权:山西马一芳食品科技有限公司、汾阳市迅达土特产品有限责任公司;

·一种核桃仁加工压碎设备(CN22061010529U),专利权:云南省林业和草原科学院、云南农垦核桃产业发展有限公司;

·一种核桃仁罐头加工用粉碎炒制装置(CN220403033U),专利权:石家庄市丸京干果有限公司;

·一种核桃油生产用混合搅拌结构及其榨油机(CN202320916006.8),专利权:云南省林业和草原科学院。

（三）论文

·Shanshan Li, Zhe Liu, Xue Hei, et al., "Effect of Physical Modifications on Physicochemical and Functional Properties of Walnut Protein", *Foods* 2023, 12: p.3709.

（四）国审核桃良种

秋香核桃(编号:国S-SV-JR_010-2023),山东省果树研究所、中国林业科学研究院林业研究所选育。品种特性:发芽晚,能够有效避开晚霜危害,坚果表面光滑,平均单果重12.8克,出仁率58.6%,种仁脂肪含量65.9%。

（五）授权核桃新品种

·宣红核桃,云南省林业和草原科学院培育;

·金钟晚核桃,云南省林业和草原科学院培育;

·川66核桃,四川省林业科学研究院培育;

·陇原红核桃,甘肃省陇南市经济林研究院核桃研究所培育;

·陇薄丰1号核桃,甘肃省陇南市经济林研究院核桃研究所培育;

·陇乌仁1号核桃，甘肃省陇南市经济林研究院核桃研究所培育；

·陇核6号核桃，甘肃省成县大路沟核桃科技示范园培育；

·陇核7号核桃，甘肃省成县大路沟核桃科技示范园培育；

·陇核8号核桃，甘肃省成县大路沟核桃科技示范园培育；

·乌香2号核桃，甘肃省成县大路沟核桃科技示范园培育；

·硕香1号核桃，甘肃省成县大路沟核桃科技示范园培育；

·陇核3号核桃，甘肃省成县兴丰农林科技有限公司培育；

·陇核5号核桃，甘肃省成县兴丰农林科技有限公司培育；

·新雄核桃，新疆维吾尔自治区林业科学研究院培育；

·新和1号核桃，新疆维吾尔自治区林业科学研究院培育；

·墨宝核桃，新疆维吾尔自治区林业科学研究院培育；

·新辉核桃，新疆维吾尔自治区林业科学研究院培育；

·新盛核桃，新疆维吾尔自治区林业科学研究院培育；

·京红1号核桃，北京市农林科学院培育。

六、主要荣誉

·养元饮品（六个核桃）成功荣膺中国2023年"金桥奖"年度杰出社会责任企业称号；

·六个核桃获金手杖奖"2023年度中国国民信赖十大健康品牌"殊荣；

·六个核桃获"2023年度中国国家级绿色工厂"称号；

·六个核桃获评2023"中国新消费驱动力独具匠心"奖；

·核桃科技荣获时代传媒"2023年度中国高质量成长奖"；

·2023年云南森林生态产品永平原产地活动"核桃创新菜品评选"中，"核桃鸡遇"荣获组委会金奖，"虾仁核桃"荣获组委会银奖；

·重庆市的"城口核桃"入选2023年全国名特优新农产品名录；

·商洛盛大实业股份有限公司生产的"猫砂"系列产品分别荣获2023中国特色旅游商品大赛金奖和商洛市高价值专利大赛二等奖。

七、重要活动

·2023年2月20日，由国际食品科学院院士、中国农业科学院农产品加工研究所王强研究员牵头承担的新疆维吾尔自治区重点研发计划—厅厅联动专项"新疆核桃精深加工产品关键技术研究与应用"项目启动会在乌鲁木齐成功召开。

·2023年3月6日，云南木本油料（核桃）全产业链创新研究院在凤庆揭牌成立。

·2023年6月14—15日，由国际食品科学院院士、中国农业科学院农产品加工研究所王强研究员牵头承担的新疆维吾尔自治区重点研发—厅厅联动专项"新疆核桃精深加工产品关键技术研究与应用"项目2023年度调研督导会在阿克苏温宿县、和田地区和田县顺利召开。

·2023年7月8日，"2023·中国红仁核桃高质量发展研讨会"在陕西省洛南县举办，会议由陕西省老科学技术教育工作者协会、省老科教协会果业分会和商洛市老科教协会主办，洛南县老科教协会、洛南县林业局、商洛盛大实业股份有限公司协办。

·2023年7月26日，核桃与脑健康科学大会在北京召开，大会期间举行了《核桃与脑健康科学白皮书》启动仪式。

·2023年8月12日，中国核桃产业高质量发展研讨暨2023年度核桃产业国家创新联盟年会在新疆阿克苏召开，国家林业和草原局二级巡视员宋红竹，中国林业科学院副院长肖文发、新疆维吾尔自治区林业科学研究院党委书记王天斌等领导出席了会议。

·2023年9月2日，中国工程院—云南省政府2023年院地合作重点项目"云南核桃全产业链发展战略咨询研究"开题启动会在临沧市召开，中国工程院曹福亮院士、蒋剑春院士、张佳宝院士、吴义强院士等专家出席会议。

·2023年9月22日，2023年陕西核桃产业发展大会暨中国核桃之乡洛南首届核桃节在洛南召开，会议由陕西省林业局、中共尚洛市委、市人民政府主办，市林业局、中共洛南县委与县政府承办，河北养元智汇饮品股份有限公司、商洛盛大实业股份有限公司、洛南县长盛农产品贸易有限公司协办。

·2023年10月11—13日，国家核桃油及核桃加工产业创新战略联盟第四次年会在云南省临沧市凤庆县召开，会议由国家核桃油及核桃加工产业创新战略联盟、云南省林业和草原科学院联合主办，云南省临沧市凤庆县人民政府、凤庆县滇红建设投资开发集团有限责任公司共同承办。

八、社会影响

·云南日报，2022年12月18日报道，核桃油水代生态提取法实现油脂领域重大突破——新技术助力核桃产业发展。

·河北养元"六个核桃"获2023年"金桥奖"年度杰出社会责任企业、国家级绿色工厂、"中国新消费驱动力独具匠心"奖、"金手杖奖"2023年度中国国民信赖十大健康品牌荣誉。

参考文献

[1] 张志华，裴东：《核桃学》，中国农业出版社2018年版。

[2] 余仲东，杨凌：《泸定县林业有害生物》，西北农林科技大学出版社2018年版。

[3] 中国乡村发展志愿服务促进会组织编写：《中国核桃产业发展蓝皮书（2022）》，研究出版社2023年版。

[4] 中国乡村发展志愿服务促进会组织编写：《中国南疆核桃产业发展蓝皮书（2022）》，研究出版社2023年版。

[5] 王芳：《坚果中脂肪含量及脂肪酸组成分析》，《食品安全质量检测学报》2018年第9期。

[6] 王雅宁等：《带皮核桃仁制备核桃乳去涩工艺优化及产品品质研究》，《中国食品添加剂》2023年第5期。

[7] 李溢真等：《核桃肽的制备、分离纯化及生物活性研究进展》，《食品与药品》2023年第3期。

[8] 宋美玲等：《欧李核桃复合植物蛋白饮料质量研究》，《农产品加工》2023年第8期。

[9] 徐田等：《核桃饼粕、三七花复合发酵饮品制备及功效研究》，《西部林业科学》2022年第5期。

[10] 李和平：《核桃-黑豆复合蛋白饮料的开发研究》，《现代食品》2019年第14期。

[11] 郝苗苗等：《大豆-核桃复合植物蛋白饮料的制作工艺》，《农产品加工》2019年第4期。

[12] 李涛等：《大孔树脂法纯化核桃壳棕色素的研究》，《中国野生植物资源》2021年第11期。

[13] 孙忠慧、吕伟超：《用14种果壳制备微孔活性炭的比较研究》，《齐齐哈尔大学学报（自然科学版）》2021年第5期。

[14] 陶爱恩等：《基于本草学和现代研究的胡桃属废弃资源开发模式探究》，《中草药》2021年第12期。

[15] 肖敏等：《核桃分心木提取物的抗氧化活性及其对油脂氧化稳定性的影响》，《食品研究与开发》2021年第22期。

[16] 怀婷婷，卫伟，刘春晓等：《核桃产业和贸易现状及发展建议》，《安徽农业科学》2023年第18期。

[17] 王树芝：《中国核桃的历史渊源，文化及发展》，《农业考古》2022年第6期。

[18] 王瑞元：《进一步促进我国核桃产业健康发展》，《中国油脂》2023年第11期。

[19] 张春香，杨波，邵鹏等：《陕西商洛核桃产业现状、存在问题及发展建议》，《落叶果树》2022年第3期。

[20] 赵晨宇：《汾阳市核桃产业发展问题及对策探究》，《广东蚕业》2023年第12期。

[21] 任军明，程文仕：《成县核桃产业发展现状与对策分析》，《热带农业工程》2023年第2期。

[22] 席婧等：《新疆地区核桃产业发展现状分析》，《现代园艺》2023年第2期。

[23] 庄振杰：《林业苗木良种选育的问题及措施》，《种子科技》2019年第15期。

[24] 赵见军，王丁丁，张亮等：《我国核桃综合利用与发展前景》，《陕西农业科学》2014年第4期。

[25] 杨静怡，丁晓霞：《核桃综合品质评价研究的现状分析》，《农业科技与信息》2015年第2期。

[26] 王根宪：《秦巴山区早实核桃良种栽培中存在的问题及应对措施》，《陕西农业科学》2009年第1期。

[27] 时羽杰，汪志燊，糜加轩等：《四川核桃遗传资源评价及优良无性系选育》，

《四川农业大学学报》2020年第2期。

[28] 梁丽，朱俊龙，刘国艳等：《一种枸杞风味核桃多肽乳的制备工艺研究》，《中国食品工业》2023年第22期。

[29] 傅本重，邹路路，朱洁倩等：《中国核桃生产现状与发展思路》，《江苏农业科学》2018年第18期。

[30] 余红红，韩长志，李娅：《中国省域核桃产业竞争力评价》，《北方园艺》2021年第18期。

[31] 黄贠麒：《乡村振兴战略背景下贵州省特色核桃产业发展的探究》，《村委主任》2023年第1期。

[32] 刘亚辉：《基于情报分析的云南省核桃产业发展研究》，云南大学2020年硕士学位论文。

[33] 叶睿蕾：《核桃产业区域税收分配研究——以漾濞县为例》，云南财经大学2021年硕士学位论文。

[34] 刘艳：《产业扶贫对农户可持续生计的影响——以云南省漾濞彝族自治县核桃产业为例》，南京农业大学2020年硕士学位论文。

[35] 孟梦：《流动的核桃：业缘关系下漾濞各民族交往交流交融研究》，大理大学2023年硕士学位论文。

[36] 曹亚龙：《新时期我国核桃产业发展现状、问题及对策》，河南农业大学2022年硕士学位论文。

[37] 李平：《核桃分心木水提液化学成分及抗肿瘤活性分析》，山西大学2017年硕士学位论文。

[38] 赵伟伟：《高油核桃资源调查与油用核桃评价体系研究》，河南农业大学2019年硕士学位论文。

[39] 吴陆牧：《绿满巴山富万家》，《经济日报》2022年12月3日。

[40] 《2022年新疆维吾尔自治区政府工作报告》，2022年。

[41] 《2023年新疆维吾尔自治区政府工作报告》，2023年。

[42] 马婷，宁德鲁，习学良等：《云南省2022年度核桃产业发展报告》，2023年。

[43] 赛米·麦麦提：《一种秘制泡椒核桃仁及其制备方法》（新疆维吾尔自治区：CN202310675523.5），2023-09-08。

[44] 李秀梅，赵宏文，赵丹等：《一种琥珀核桃仁的加工方法》（甘肃省：CN201811264010.0），2019-04-02。

后　记

为贯彻落实党的二十大精神，全面推进乡村振兴，中国乡村发展志愿服务促进会（简称促进会）在农业农村部（国家乡村振兴局）及有关部委指导下，聚合社会力量、组织协调对接功能，联合地方政府、科研院所、行业协会、龙头企业、金融机构等共同开展"乡村振兴特色优势产业培育工程"，遴选出核桃作为有特色、有发展空间、带富效果好的九大优势产业之一，开展促进帮扶，通过搭建政产学研用融合发展平台，实施以科技为引领、产业推动为前提、模式推广为载体、政策扶持为保障、与市场需求相结合的产业发展举措，有力助推核桃一二三产融合发展，促进了地方核桃产业经济的可持续发展，为全面推进乡村振兴再立新功。

促进会组织编写《中国核桃产业发展蓝皮书（2023）》的目的是在2022年核桃蓝皮书基础上重点聚焦2023年我国核桃产业发展基本面以及外部环境变化、重点区域布局、典型企业创新、代表性产品创制等方面的成功经验和做法，有针对性提出产业健康发展的方法与路径，旨在普及产业知识，反映产业发展最新动态，推广良种良法，介绍全产业链开发的经验做法，营造核桃产业发展的社会氛围，促进实现核桃产业高质量发展，为国家和各级政府决策咨询提供参考，在助推乡村振兴、保障国家粮油安全中发挥重要作用。

本蓝皮书是按照促进会的统一部署要求，由国际食品科学院院士、中国农业科学院农产品加工研究所王强研究员负责总体设计和方案撰写，全程指导撰写工作并对全书提出修改意见，郭芹、张毅新、张俊佩、齐建勋对本蓝皮书目录和章节分工进行细化并具体对接和推进，齐建勋、张毅新、张俊佩、张跃进、郭芹、宁德鲁、陆斌、习学良负责章节统稿，王强负责全书统稿。本蓝皮书各章具体撰写人员如下：

绪　论　王　强（国际食品科学院院士、中国农业科学院农产品加工研究所研究员）

第一章　齐建勋（北京市农林科学院林业果树研究所副研究员）

王红霞（河北农业大学副研究员）

余仲东（西北农林科技大学教授）

陈永浩（北京市农林科学院林业果树研究所副研究员）

马爱进（北京工商大学教授）

张煜〔中粮工科（西安）国际工程有限公司高级工程师〕

张跃进（云南摩尔农庄生物科技开发有限公司董事长）

第二章　张毅新（中国粮油学会油脂分会常务秘书长）

陈　新（山东省果树研究所研究员）

高　盼（武汉轻工大学讲师）

赵宝军（辽宁省经济林研究所教授级高工）

第三章　张俊佩（中国林业科学研究院研究员）

宁德鲁（云南省林业和草原科学院经济林研究所研究员）

虎海防（新疆林业科学院园林绿化研究所研究员）

蒋新正（陕西省林业产业协会高级工程师）

王根宪（商洛市核桃研究所教授级高工）

李丕军（四川省林业科学研究院研究员）

辛　国（陇南市经济林研究院核桃研究所正高级工程师）

孟巍峰（山西省汾阳市林业局副局长）

田益玲（河北农业大学食品科技学院副教授）

第四章　张跃进（云南摩尔农庄生物科技开发有限公司董事长）

高敬铭（喀什疆果果农业科技有限公司常务副总经理）

张建国（四川凉山亿丰核桃油有限公司董事长）

万雪琴（四川林业大学林学院教授）

第五章　郭　芹（中国农业科学院农产品加工研究所研究员）

石爱民（中国农业科学院农产品加工研究所研究员）

王丰俊（北京林业大学教授）

第六章 宁德鲁（云南省林业和草原科学院经济林研究所研究员）

范志远（云南省林业和草原科学院研究员）

虎海防（新疆林业科学院园林绿化研究所研究员）

蒋新正（陕西省林业产业协会高级工程师）

李丕军（四川省林业科学研究院研究员）

第七章 陆 斌（云南省林业和草原科学院研究员）

张赟齐（北京市农林科学院林业果树研究所助理研究员）

徐永杰（湖北省林业科学研究院副研究员）

附 录 习学良（云南省林业和草原科学院研究员）

在此，向参与本蓝皮书规划、编写、评审、出版，以及在撰写过程中给予帮助的各位领导、专家及企业家表示衷心的感谢！本书由编委会顾问闵庆文主任审核。此外中国出版集团研究出版社也对本书给予高度重视和热情支持，在时间紧、任务重、要求高的情况下为本书的出版付出大量的精力和心血，在此一并表示感谢！希望《中国核桃产业发展蓝皮书（2023）》的出版，让更多人了解和关注核桃产业发展，获得各级政府更多支持，吸引更多产业链企业加大核桃产业布局，协调科研和资本投入，促进核桃产业高质量发展。由于编写时间仓促，本书仍存在诸多不足，真诚欢迎社会各界领导、专家学者和广大读者批评指正。

本书编写组

2024年5月